DOUGLASS SERIES

OF

CHRISTIAN GREEK AND LATIN WRITERS.

FOR USE IN SCHOOLS AND COLLEGES.

VOL. I.

LATIN HYMNS.

NOTICE.

It is remarkable that no place has been given in the schools and colleges of England and America to the writings of the early Christians. For many centuries, and down to what is called the Pagan renaissance, they were the common linguistic study of educated Christians. The stern piety of those times thought it wrong to dally with the sensual frivolities of heathen poets, and never imagined it possible that the best years of youth should be spent in mastering the refinements of a mythology and life which at first they feared and loathed, and which at last became as remote and unreal to them as the Veda is to us.

Classical Philology, however, took its ideal of beauty from Pagan Greece, and it has filled our schools with those books which are its best representatives.

The modern Science of Language has again changed the point of view. It gives the first place to truth; it seeks to know man, his thoughts, his growth; it looks on the literature of an age as a daguerreotype of the age; it values books according to their historical significance. The writings of the early Christians embody the history of the most important events known to man, in language not unworthy of the events; and the study of Latin and Greek as vehicles of Christian thought should be the most fruitful study known to Philology, and have its place of honor in the University Course.

The present Series owes its origin to an endowment

by Mr. Benjamin Douglass for the study of these authors in Lafayette College. Each volume will be prepared with critical text, introduction, and notes, like the current approved text-books for college study. They will be edited by F. A. March, LL.D., Professor of Comparative Philology in Lafayette College, with such help as may be found desirable. Four volumes are now in press.

LATIN.	GREEK.
LATIN HYMNS.	EUSEBIUS.
TERTULLIAN.	ATHENAGORAS.

In addition to the Latin Hymns, it is expected that Eusebius will be ready for the fall term of 1874, and the others will shortly follow. Should the Series be welcomed, it will be continued with volumes of Augustine, Cyprian, Lactantius, Justin Martyr, Chrysostom, and others, in number sufficient for a complete college course.

LATIN HYMNS,

WITH ENGLISH NOTES.

FOR USE IN SCHOOLS AND COLLEGES.

BY F. A. MARCH, LL.D.,

PROFESSOR OF COMPARATIVE PHILOLOGY IN LAFAYETTE COLLEGE.

NEW YORK:

HARPER & BROTHERS, PUBLISHERS,

FRANKLIN SQUARE.

1874.

PREFACE.

Almost all our elder scholars have favorite Latin hymns, just as they have favorite poems in German or Old English, but they do not seem to have thought of them for college study; that was reserved in the old time for a handful of authors of the so-called classical periods of Latin and Greek. But since the modern Science of Language has widened the view, and we are welcoming text-books in German and English and Anglo-Saxon, and even in Sanskrit and Chinese, it will no longer be a fatal objection to the Hymns that they are not Horatian or Ciceronian. The study of literature is useful mainly to develop character. It is the study of what the great and good have thought and felt and done. By a careful study of their words, we are enabled rapidly to think their thoughts, to repeat in our experience their aspirations and resolves, and to recognize and accept their ideals. Those books of literature are the highest educational powers which contain the most truthful delineation and expression of the noblest character. *Christian* is a better word than *Augustan*. For inspiring and elevating thought, and for vigor, harmony, and simplicity of language, the Hymns are better than any Augustan Odes. They are the true Latin folk poems; they have been called "the Bible of the people."

They are a valuable study also from the biographical, historical, and literary matter that comes up in reading them. The authors are many of them the heroes of their generation, kings in the realms of thought or action. Interesting events are connected with their composition or history, and they are full of allusion to the great works of the older period, the Bible and the fathers of the Church. There is great variety in the subjects, the meters, and the style of the hymns.

The works to which I have been most indebted for the materials of this collection are the following: H. A. Daniel: Thesaurus Hymnologicus. Lipsiae, 1841–1856, 5 vols.—F. J. Mone: Lateinische Hymnen des Mittelalters. Freiburg, 1853–1855, 3 vols.—Philipp Wackernagel: Das Deutsche Kirchenlied, etc., vol. i. (Latin Hymns). Leipzig, 1864.—R. C. Trench: Sacred Latin Poetry, chiefly Lyrical. 2d ed., London and Cambridge, 1864.—J. M. Neale: Mediaeval Hymns and Sequences. London, 1867.—Mrs. Charles: The Voice of Christian Life in Song. New York, 1867.—Philip Schaff, Christ in Song. New York, 1868.—G. A. Königsfeld: Lateinische Hymnen und Gesänge, etc. Bonn, 1847–1865, 2 vols. I have consulted many other books of collections and translations, as well as the hymns to be found in the editions of the works of separate authors; and I wish to present my thanks to Dr. H. B. Smith, Professor and lately Librarian in Union Theological Seminary in the City of New York, and to Dr. R. D. Hitchcock, of the same seminary, for aid in finding the best works for my purpose, and for procuring me the use of rare old books from the library of the seminary.

Almost all the hymns here given may, however, be found in Daniel, Mone, or Wackernagel, many of them in all three. The illustrations from the writings of the Christian fathers are mostly in Daniel or Mone; those from the Greek in Mone. I hope I have taken every thing good that there is in Trench, and pretty much all of Trench is good; I may say the same thing of Dr. Schaff's Christ in Song, and repeat it with more emphasis of Mrs. Charles's Christian Life in Song. There is hardly one of the many hymns translated by her which I have not chosen to put in this collection. Her book is also a storehouse of interesting general description and criticism, and of valuable illustrative anecdotes and extracts from the older authors.

Among the thousands of Latin hymns, there are doubtless many which other students of them would have preferred to some of these. Sometimes a famous author, or a peculiar meter, or some historical association, has given a hymn a place it would not otherwise have obtained. It is likely that there are some omitted which I should prefer, but which have not attracted my careful attention. I shall esteem it a kindness if any one will tell me of favorite hymns, or other matter, which he would like to see introduced if a new edition should be needed.

In the grammatical notes, H. stands for Harkness's Latin Grammar; A. and G. for Allen and Greenough's; M. for March's Comparative Anglo-Saxon Grammar.

F. A. M.

LAFAYETTE COLLEGE, EASTON, PA.,
August, 1874.

CONTENTS.

HYMNS.

NOTES AND BIOGRAPHICAL SKETCHES.

I.

HILARIUS.

I. HYMNUS MATUTINUS.

Lucis largitor splendide,
Cuius sereno lumine
Post lapsa noctis tempora
Dies refusus panditur;

Tu verus mundi Lucifer,
Non is, qui parvi sideris
Venturae lucis nuntius
Angusto fulget lumine,

Sed toto sole clarior,
Lux ipse totus et dies,
Interna nostri pectoris
Illuminans praecordia:

Adesto, rerum conditor,
Paternae lucis gloria,
Cuius admota gratia
Nostra patescunt corpora.

Tuoque plena spiritu,
Secum Deum gestantia,
Ne rapientis perfidi
Diris patescant fraudibus,

Ut inter actus seculi
Vitae quos usus exigit,
Omni carentes crimine
Tuis vivamus legibus.

Probrosas mentis castitas
Carnis vincat libidines,
Sanctumque puri corporis
Delubrum servet Spiritus.

Haec spes precantis animae,
Haec sunt votiva munera,
Ut matutina nobis sit
Lux in noctis custodiam.

II. HYMNUS MATUTINUS.

Deus, Pater ingenite,
Et Fili unigenite,
Quos Trinitatis unitas
Sancto connectit Spiritu.

Te frustra nullus invocat,
Nec cassis unquam vocibus
Amator tui luminis
Ad coelum vultus erigit.

Et tu suspirantem Deus,
Vel vota supplicantium,
Vel corda confitentium
Semper benignus aspice.

Nos lucis ortus admonet
Grates deferre debitas,
Tibique laudes dicere,
Quod nox obscura praeterit.

Diem precamur bonum,
Ut nostros, Salvator, actus
Sinceritate perpeti
Pius benigne instruas.

III. DE LUCTU POENITENTIAE.

Ad coeli clara non sum dignus sidera
Levare meos infelices oculos,
Gravi depressus peccatorum pondere:
Parce, Redemptor!

Bonum neglexi facere, quod debui,
Probrosa gessi sine fine crimina,
Scelus patravi nullo clausum termino:
Subveni, Christe!

Lugere modo me permitte, Domine,
Mala, quae gessi, reus ab infantia,
Lacrimas mihi tua donet gratia
Cordis ab imo.

Meis, ut puto, vitiis Tartarea
Tormenta multis non valent sufficere,
Nisi succurrat, Christe, tua pietas
Misero mihi.

Redemptor mundi, unica spes omnium,
Aequalis Patri Sanctoque Spiritui,
Trinus et unus Deus invisibilis,
Mihi succurre!

Si me subtili pensas sub libramine,
Spes in me nulla remanet fiduciae,
Sed rogativa me salvet potentia
Filius Dei.

Xriste, te semper recta fide labiis
Confessus, corde credidi orthodoxo,
Haereticorum dogma nefas respui
Pectore puro.

Ymnum fideli modulando gutture
Arrium sperno, latrantem Sabellium,
Assensi nunquam grunnienti Simoni
Fauce susurra.

Zelum pro Christi sum zelatus nomine,
Nam sancta mater lacte me catholico
Tempus per omne nutrivit Ecclesia
Ubere sacro.

Gloria Sanctae Trinitati unicae
Sit Deo Patri, Genito, Paraclito,
Laus meo sonet in ore perpetuum
Domini semper.

IV. HYMNUS PENTECOSTALIS.

Beata nobis gaudia
Anni reduxit orbita,
Cum Spiritus paraclitus
Illapsus est discipulis.

Ignis vibrante lumine
Linguae figuram detulit,
Verbis ut essent proflui,
Et charitate fervidi.

Linguis loquuntur omnium;
Turbae pavent gentilium:
Musto madere deputant,
Quos Spiritus repleverat.

Patrata sunt haec mystice,
Paschae peracto tempore,
Sacro dierum circulo,
Quo lege fit remissio.

Te nunc, piissime Deus,
Vultu precamur cernuo:
Illapsa nobis coelitus
Largire dona Spiritus!

Dudum sacrata pectora
Tua replesti gratia,
Dimitte nostra crimina,
Et da quieta tempora!

II.

DAMASUS.

HYMNUS DE S. AGATHA.

Martyris ecce dies Agathae
Virginis emicat eximiae,
Christus eam sibi qua sociat
Et diadema duplex decorat.

Stirpe decens, elegans specie,
Sed magis actibus atque fide,
Terrea prospera nil reputans,
Iussa Dei sibi corde ligans,

Fortior haec trucibusque viris
Exposuit sua membra flagris;
Pectore quam fuerit valido
Torta mamilla docet patulo.

Deliciae cui carcer erat,
Pastor ovem Petrus hanc recreat;
Inde gavisa magisque flagrans
Cuncta flagella cucurrit ovans.

Ethnica turba rogum fugiens
Huius et ipsa meretur opem;
Quos fidei titulus decorat,
His Venerem magis ipsa premat.

Iam renitens quasi sponsa polo
Pro miseris supplica Domino,
Sic sua festa coli faciat
Se celebrantibus ut faveat.

Gloria cum Patre sit Genito,
Spirituique proinde sacro,
Qui Deus unus et omnipotens
Hanc nostri faciat memorem.

III.

AMBROSIUS.

I. HYMNUS MATUTINUS.

Aeterne rerum conditor,
Noctem diemque qui regis,
Et temporum das tempora,
Ut alleves fastidium;

Praeco diei iam sonat,
Noctis profundae pervigil,
Nocturna lux viantibus,
A nocte noctem segregans.

Hoc excitatus lucifer
Solvit polum caligine,
Hoc omnis errorum chorus
Viam nocendi deserit.

Hoc nauta vires colligit
Pontique mitescunt freta,
Hoc ipsa petra ecclesiae
Canente culpam diluit.

Surgamus ergo strenue!
Gallus iacentes excitat,
Et somnolentos increpat,
Gallus negantes arguit.

Gallo canente spes redit,
Aegris salus refunditur,
Mucro latronis conditur,
Lapsis fides revertitur.

Iesu, labentes respice,
Et nos videndo corrige,
Si respicis, lapsus cadunt,
Fletuque culpa solvitur.

Tu lux refulge sensibus,
Mentisque somnum discute,
Te nostra vox primum sonet
Et ore psallamus tibi.

II. HYMNUS VESPERTINUS.

Deus creator omnium
Polique rector, vestiens
Diem decoro lumine,
Noctem soporis gratia,

Artus solutos ut quies
Reddat laboris usui,
Mentesque fessas allevet
Luctusque solvat anxios.

Grates peracto iam die
Et noctis exortu preces,
Votis, reos ut adiuves,
Hymnum canentes solvimus.

Te cordis ima concinant,
Te vox canora concrepet,
Te diligat castus amor,
Te mens adoret sobria.

Ut cum profunda clauserit
Diem caligo noctium,
Fides tenebras nesciat
Et nox fide reluceat.

Dormire mentem ne sinas,
Dormire culpa noverit;
Castos fides refrigerans
Somni vaporem temperet.

Exuta sensu lubrico
Te cordis alta somnient,
Ne hostis invidi dolo
Pavor quietos suscitet.

Christum rogemus et Patrem
Christi Patrisque Spiritum,
Unum potens per omnia
Fove precantes Trinitas.

III. HYMNUS AD MATUTINUM.

Splendor paternae gloriae,
De luce lucem proferens,
Lux lucis et fons luminis,
Diem dies illuminans,

Verusque sol illabere,
Micans nitore perpeti,
Iubarque Sancti Spiritus
Infunde nostris sensibus.

Votis vocemus et Patrem,
Patrem perennis gloriae,
Patrem potentis gratiae,
Culpam releget lubricam.

Informet actus strenuos,
Dentes retundat invidi,
Casus secundet asperos,
Donet gerendi gratiam.

Mentem gubernet et regat
Casto fideli corpore,
Fides calore ferveat,
Fraudis venena nesciat.

Christusque nobis sit cibus,
Potusque noster sit fides,
Laeti bibamus sobriam
Ebrietatem spiritus.

Laetus dies hic transeat,
Pudor sit ut diluculum,
Fides velut meridies,
Crepusculum mens nesciat.

Aurora cursus provehit,
Aurora totus prodeat,
In Patre totus Filius
Et totus in Verbo Pater.

IV. HYMNUS IN ADVENTU DOMINI.

Veni, redemptor gentium,
Ostende partum virginis,
Miretur omne saeculum:
Talis decet partus Deum.

Non ex virili semine,
Sed mystico spiramine,
Verbum Dei factum est caro.
Fructusque ventris floruit.

Alvus tumescit virginis,
Claustra pudoris permanent,
Vexilla virtutum micant,
Versatur in templo Deus.

Procedit e thalamo suo,
Pudoris aula regia,
Geminae gigas substantiae,
Alacris ut currat viam.

Egressus eius a Patre,
Regressus eius ad Patrem,
Excursus usque ad inferos,
Recursus ad sedem Dei.

Aequalis aeterno Patri
Carnis tropaeo cingere,
Infirma nostri corporis
Virtute firmans perpetim.

Praesepe iam fulget tuum,
Lumenque nox spirat novum,
Quod nulla nox interpolet,
Fideque iugi luceat.

V. HYMNUS MATUTINUS.

Fulgentis auctor aetheris,
Qui lunam lumen noctibus,
Solem dierum cursibus
Certo fundasti tramite;

Nox atra iam depellitur,
Mundi nitor renascitur,
Novusque iam mentis vigor
Dulces in actus erigit;

Laudes sonare iam tuas
Dies relatus admonet,
Vultusque coeli blandior
Nostra serenat pectora.

Vitemus omne lubricum,
Declinet prava spiritus,
Vitam facta non inquinent,
Lingua in culpa non implicet.

Sed sol diem dum conficit
Fides profunda ferveat,
Spes ad promissa provocet,
Christo coniungat caritas.

VI. HYMNUS IN POSTULATIONE PLUVIAE.

Squalent arva soli pulvere multo,
Pallet siccus ager, terra fatiscit,
Nullus ruris honos, nulla venustas,
Quando nulla viret gratia florum.
Tellus dura sitit, nescia roris,
Fons iam nescit aquas, flumina cursus,
Herbam nescit humus, nescit aratrum,
Magno rupta patet turpis hiatu.
Fervens sole dies, igneus ardor
Ipsas urit aves, frondea rami
Fessis tecta negant, pulvis arenae
Sicco dispuitur ore viantis.
Ventis ora ferae, bestia ventis,
Captantesque viri flamina ventis,
Ventis et volucres ora recludunt,
Hac mulcere sitim fraude volentes.
Foetus cerva suos, pignora cerva,
Foetus cerva siti fessa recusat,
Foetus cerva pios moesta relinquit,
Quaesitam quoniam non vehit herbam.

Venerunt iuvenes pocula noti
Quaerentes putei, lymphaque fugit,
Et vasis vacuis tecta revisunt,
Fletus, heu! proprios ore bibentes.
Bos praesepe suum linquit inane,
Pratorumque volens carpere gramen
Nudam versat humum: sic pecus omne
Fraudatum moriens labitur herbis.
Radices nemorum rustica plebes
Explorat misero curva labore,
Solarique famem cortice quaerit,
Nec succos teneros arida praestat.
Hanc peccata famem nostra merentur,
Sed merce propria, Christe, faveto,
Quo culpa gravior gratia maior
Iusti supplicii vincla resolvat.
Iam coelos reseres, arvaque laxes
Fecundo placidus imbre rogamus;
Heliae meritis impia saecla
Donasti pluvia: nos quoque dones!

Aeterne Genitor, gloria Christo
Semper cum Genito sit tibi Sancto
Compar Spiritui, qui Deus unus
Pollens perpetuis inclyte saeclis!

VII. HYMNUS IN POSTULATIONE SERENITATIS.

Obduxere polum nubila coeli
Absconduntque diem sole fugato,
Noctes continuas sidere nudas
Et lunae viduas carpimus olim.

Aether dira micat igne corusco,
Concussoque tremit cardine mundus,
Coeli porta tonat, ruptaque credas
Axis aetherei vincla resolvi.
Excrescunt pluviis aequora ponti
Nec fines proprios iam freta norunt,
Terrarum medio fluctuat unda,
Errabunda secat arva carina.
Portus nauta suos, littora nauta,
Secessusque suos nauta requirit,
Hospes nauta satis, vitibus hospes,
Messes nauta supernavigat hospes.
Flentes agricolae culta relinquunt,
Spectant naufragium triste laboris,
Messis laeta natat, semina census:
Nati, tecta, pecus arvaque migrant.
Cernas alta domus culmina ferri,
Mutatisque locis culmina poni,
Moestas inter aves ludere pisces,
Pisces in tremulis ludere tectis.
Eversa videas arbore nidos
Pullis cum teneris per freta duci,
Nec matrem exilio ponere curas,
Maioresque metu cogere foetus.
Spectat turba virum, turba fenestris,
Spectat feminei turba pudoris,
Deploratque famem turba precantum,
Victum navigii nauta ministrat.
Iesu, parce tua morte redemptis,
Prior diluvium pertulit aetas,
Ut mundaret aqua crimina terrae,
Sed mundata tuo sanguine terra est.

Iam nunc missa ferens ore columba
Ramum paciferae munus olivae
Exutas liquido flumine terras
Laeto significet lapsa volatu!—
Aeterne Genitor, gloria Christo
Semper cum Genito sit tibi Sancto
Compar Spiritui, qui Deus unus
Pollens perpetuis inclyte saeclis!

VIII. HYMNUS TEMPORE PASCHALI.

Hic est dies verus Dei,
Sancto serenus lumine,
Quo diluit sanguis sacer
Probrosa mundi crimina,

Fidem refundens perditis,
Caecosque visu illuminans:
Quem non gravi solvit metu
Latronis absolutio?

Qui praemio mutans crucem
Iesum brevi acquirit fide,
Iustusque praevio gradu
Pervenit in regnum Dei.

Opus stupent et angeli,
Poenam videntes corporis,
Christoque adhaerentem reum
Vitam beatam carpere.

Mysterium mirabile,
Ut abluat mundi luem,
Peccata tollit omnium,
Carnis vitia mundans caro.

Quid hoc potest sublimius,
Ut culpa quaerat gratiam
Metumque solvat caritas
Reddatque mors vitam novam?

Hamum sibi mors devoret
Suisque se nodis liget:
Moriatur vita omnium
Resurgat ut vita omnium.

Cum mors per omnes transeat,
Omnes resurgant mortui:
Consumpta mors ictu suo
Perisse se solam gemit.

IX. IN THEOPHANIA.

Inluminans altissimus
Micantium astrorum globos,
Pax, vita, lumen, veritas,
Iesu, fave precantibus;

Seu mystico baptismate
Fluenta Iordanis retro
Conversa quodam tempore
Praesente sacraris die;

Seu stella partum virginis
Coelo micans signaverit,
Et hac adoratum die
Praesepe magos duxerit;

Vel hydriis plenis aqua
Vini saporem fuderis,
Hausit minister conscius,
Quod ipse non impleverat.

Aquas colorari videns,
Inebriare flumina,
Elementa mutata stupet
Transire in usus alteros.

Sic quinque millibus virum
Dum quinque panes dividis,
Edentium sub dentibus
In ore crescebat cibus;

Multiplicabatur magis
Dispendio panis suo,
Quis haec videns mirabitur
Iuges meatus faucium?

Inter manus frangentium
Panis rigatur profluus,
Intacta, quae non fregerant,
Fragmenta subrepunt vivis.

AMBROSIANI.

I. TE, DEUM, LAUDAMUS!

Te Deum laudamus, te Dominum confitemur.
Te aeternum Patrem omnis terra veneratur.
Tibi omnes Angeli, tibi coeli et universae Potestates,
Tibi Cherubim et Seraphim incessabili voce proclamant:
Sanctus, Sanctus, Sanctus, Dominus Deus Sabaoth!
Pleni sunt coeli et terra Maiestatis gloriae tuae.
Te gloriosus Apostolorum chorus, te Prophetarum laudabilis numerus,
Te Martyrum canditatus laudat exercitus;
Te per orbem terrarum sancta confitetur Ecclesia,
Patrem immensae Maiestatis, venerandum tuum verum et unicum Filium,
Sanctum quoque Paraclitum Spiritum.
Tu Rex gloriae, Christe,
Tu Patris sempiternus es Filius.
Tu ad liberandum suscepturus hominem,
Non horruisti virginis uterum.
Tu devicto mortis aculeo,
Aperuisti credentibus regna coelorum.
Tu ad dextram Dei sedes in gloria Patris.

Iudex crederis esse venturus!—
Te ergo quaesumus, tuis famulis subveni,
Quos pretioso sanguine redemisti.
Aeterna fac cum Sanctis tuis in gloria numerari.
Salvum fac populum tuum, Domine, et benedic hereditati tuae,
Et rege eos, et extolle illos usque in aeternum.
Per singulos dies benedicimus Te
Et laudamus nomen tuum in saeculum et in saeculum saeculi.
Dignare, Domine, die isto sine peccato nos custodire.
Miserere nostri, Domine, miserere nostri,
Fiat misericordia tua, Domine, super nos,
Quemadmodum speravimus in Te.
In Te, Domine, speravi: non confundar in aeternum.

II. DE PASSIONE DOMINI.

Hymnum dicamus Domino,
Laudes Deo cum cantico,
Qui nos crucis patibulo
Suo redemit sanguine.

Die decursa ad vesperum,
Qua Christus morti traditur,
Ad coenam venit impius
Qui erat Christi proditor.

Iesus futura nuntiat
Coenantibus discipulis:
"Unus ex discumbentibus
Ipse me traditurus est."

Iudas mercator pessimus
Osculo petit Dominum,
Ille ut agnus innocens
Non negat Iudae osculum.

Denariorum numero
Christus Iudaeis traditur
Innocens et innoxius,
Quem Iudas tradit impius.

Praeses Pilatus proclamat:
"Nullam culpam invenio;"
Ablutis aqua manibus
Christum Iudaeis tradidit.

Fallaces Iudaei impii
Latronem petunt vivere,
Christum accusant graviter:
"Crucifigatur, reus est."

Tunc Barabbas dimittitur
Qui reus mortis fuerat,
Vita mundi suspenditur
Per quam resurgunt mortui.

III. DE SANCTIS MARTYRIBUS.

Aeterna Christi munera
Et martyrum victorias,
Laudes ferentes debitas
Laetis canamus mentibus.

Ecclesiarum principes,
Belli triumphales duces,
Coelestis aulae milites,
Et vera mundi lumina;

Terrore victo saeculi,
Spretisque poenis corporis,
Mortis sacrae compendio
Vitam beatam possident.

Traduntur igni martyres
Et bestiarum dentibus;
Armata saevit ungulis
Tortoris insani manus.

Nudata pendent viscera,
Sanguis sacratus funditur,
Sed permanent immobiles
Vitae perennis gratia.

Devota sanctorum fides,
Invicta spes credentium,
Perfecta Christi caritas
Mundi triumphat principem.

In his Paterna gloria,
In his voluntas Filii,
Exultat in his Spiritus;
Coelum repletur gaudiis.

Te nunc, Redemtor, quaesumus,
Ut ipsorum consortio
Iungas precantes servulos
In sempiterna saecula.

IV. HYMNUS DE ASCENSIONE DOMINI.

Optatus votis omnium
Sacratus illuxit dies
Quo Christus, mundi spes, Deus,
Conscendit coelos arduos.

Ascendens in altum Dominus,
Propriam ad sedem remeat,
Gavisa sunt coeli regna
Reditu unigeniti.

Magni triumphum proelii
Mundi perempto principe
Patris praesentat vultibus
Victricis carnis gloriam.

Est elevatus nubibus
Et spem fecit credentibus
Aperiens paradisum
Quem protoplastus clauserat.

O grande cunctis gaudium,
Quod partus nostrae virginis
Post sputa, flagra, post crucem
Paternae sedi iungitur.

Agamus ergo gratias
Nostrae salutis vindici,
Nostrum quod corpus vexerit
Sublimem ad coeli regiam.

Sit nobis cum coelestibus
Commune manens gaudium,
Illis, quod se praesentavit,
Nobis, quod se non abstulit.

Nunc provocatis actibus
Christum exspectare nos decet
Vitaque tali vivere
Quae possit coelos scandere.

Gloria tibi, Domine,
Qui scandis super sidera,
Cum Patre et Sancto Spiritu
In sempiterna saecula.

V. HYMNUS DE ASCENSIONE DOMINI.

Iesu, nostra redemptio,
Amor et desiderium,
Deus creator omnium,
Homo in fine temporum;

Quae te vicit clementia
Ut ferres nostra crimina,
Crudelem mortem patiens
Ut nos a morte tolleres,

Inferni claustra penetrans,
Tuos captivos redimens,
Victor triumpho nobili
Ad dextram patris residens?

Ipsa te cogat pietas,
Ut mala nostra superes
Parcendo, et voti compotes
Nos tuo vultu saties.

Tu esto nostrum gaudium,
Qui es futurus praemium,
Sit nostra in te gloria
Per cuncta semper saecula.

VI. HYMNUS AD SEXTAM.

Iam sexta sensim solvitur
Ter binis hora cursibus,
Diesque puncto aequabili
Utramque noctem respicit.

Venite, servi supplices,
Mente et ore extollite
Dignis beatum laudibus
Nomen Dei cum cantico.

Hoc namque tempus illud est,
Quod saeculorum iudicem
Iniustae morti tradidit
Mortalium sententia.

Cum sol repente territus
Horrore tanti criminis
Mortem minatur saeculo,
Diem refugit impium.

Hoc et beatus tempore
Abrahamus fideliter
Peritus in mysterio
Tres vidit, unum credidit.

Hanc ad precandum congruam
Salvator horam tradidit,
Cum diceret fidelibus
Patrem rogandis servulis.

Nec non et ille pertinax
Hostis fidei gratiam,
Quam praedicavit gentibus
Hoc est adeptus tempore.

At nos amore debito,
Timore iusto, subditi
Adversus omnes impetus
Quos saevis hostis incutit.

Unum rogemus et Patrem
Deum regemque Filium
Simulque Sanctum Spiritum
In Trinitate Dominum,

Ut quos redemit passio
Isto peracta tempore,
Posset sub ipso tempore
Servare deprecatio.

VII. HYMNUS VESPERTINUS.

O lux beata, Trinitas
Et principalis Unitas,
Iam sol recedit igneus:
Infunde lumen cordibus.

Te mane laudum carmine,
Te deprecemur vesperi,
Te nostra supplex gloria
Per cuncta laudet saecula.

Deo patri sit gloria
Eiusque soli Filio
Cum Spiritu paraclito
Et nunc et in perpetuum.

VIII. HYMNUS AD COMPLETORIUM.

Christe, qui lux es et dies,
Noctis tenebras detegis,
Lucisque lumen crederis
Lumen beatum praedicans.

Precamur, sancte Domine,
Defende nos in hac nocte,
Sit nobis in te requies,
Quietam noctam tribue,

Ne gravis somnus irruat,
Nec hostis nos surripiat,
Nec caro illi consentiens
Nos tibi reos statuat.

Oculi somnum capiant,
Cor ad te semper vigilet,
Dextera tua protegat
Famulos qui te diligunt.

Defensor noster, adspice,
Insidiantes reprime,
Guberna tuos famulos
Quos sanguine mercatus es.

Memento nostri, Domine,
In gravi isto corpore:
Qui es defensor animae
Adesto nobis, Domine.

IX. HYMNUS AD NOCTURNUM.

Mediae noctis tempus est,
Prophetica vox admonet:
Dicamus laudes Domino
Patri semper ac Filio,

Sancto quoque Spiritui:
Perfecta enim Trinitas
Uniusque substantiae
Laudanda nobis semper est.

Terrorem tempus hoc habet,
Quod, cum vastator angelus
Aegypto mortes intulit,
Delevit primogenita.

Haec hora iustis salus est,
Quod ibidem tunc angelus
Ausus punire non erat
Signum formidans sanguinis.

Aegyptus flebat fortiter
Natorum dira funera,
Solus gaudebat Israel
Agni protectus sanguine.

Nos verus Israel sumus,
Laetemur in te, Domine,
Hostem spernentes et malum,
Christi redempti sanguine.

Ipsum profecto tempus est
Quo voce evangelica
Venturus sponsus creditur,
Regni coelestis conditor.

Occurrunt sanctae virgines
Obviam tunc adventui,
Gestantes claras lampadas,
Magno laetantes gaudio.

Stultae vero remanent
Quae exstinctas habent lampadas,
Frustra pulsantes ianuam,
Clausa iam regni regia.

Pervigilemus sobrie,
Gestantes mentes splendidas,
Adveniente ut Iesu
Digni occurramus obviam.

Mediae noctis tempore
Paulus quoque et Sileas
Christum vincti in carcere
Collaudantes soluti sunt.

Nobis hic mundus carcer est,
Te laudamus, Christe Deus,
Solve vincla peccatorum
In te, Christe, credentium.

Dignos nos fac, rex hagie,
Venturi regni gloria,
Aeternis ut mereamur
Te laudibus concinere.

X. DE DEDICATIONE ECCLESIAE.

Christe, cunctorum dominator alme,
Patris aeterni genitus ab ore,
Supplicum vota pariter ac hymnum
Cerne benignus.

Cerne quod puro, Deus, in honore
Plebs tua supplex resonat in aula,
Annua cuius revehunt colendum
Tempora festum.

Haec domus rite tibi dedicata
Noscitur, in qua populus sacratum
Corpus assumit, bibit et beati
Sanguinis haustum.

Hic sacrosancti latices veternas
Diluunt culpas, perimuntque noxas
Chrismate vero, genus et creatur
Christicolarum.

Hic salus aegris, medicina fessis,
Lumen orbatis, veniaque nostris
Fertur offensis, timor atque moeror
Pellitur omnis.

Daemonis saeva perit hic rapina,
Pervicax monstrum pavet, et retenta
Corpora linquens fugit in remotas
Ocyus umbras.

Hic locus nempe vocitatur aula
Regis aeterni niveaque coeli
Porta quae sanctos patriam petentes
Accipit omnes.

Turbo quam nullus quatit, aut vagantes
Diruunt venti penetrantque nimbi,
Non tetris laedit piceus tenebris
Tartarus horrens.

Quaesumus ergo, Deus, ut sereno
Annuas vultu, famulos gubernans
Qui tuo summo celebrant amore
Gaudia templi.

Nulla nos vitae crucient molesta,
Sint dies laeti placidaeque noctes,
Nullus ex nobis pereunte mundo
Sentiat ignes.

Haec dies in qua tibi consecratam
Conspicis aram, tribuat perenne
Gaudium nobis vigeatque longo
Temporis usu.

Gloria summum resonet Parentem,
Gloria Natum, pariterque Sanctum
Spiritum dulci modulemur hymno
Omne per aevum.

XI. HYMNUS PASCHALIS.

Ad regias agni dapes
Stolis amicti candidis
Post transitum maris rubri
Christo canamus principi;

Divina cuius caritas
Sacrum propinat sanguinem,
Almique membra corporis
Amor sacerdos immolat.

Sparsum cruorem postibus
Vastator horret angelus,
Fugitque divisum mare,
Merguntur hostes fluctibus.

Iam Pascha nostrum Christus est,
Paschalis idem victima,
Et pura puris mentibus
Sinceritatis azyma.

O vera coeli victima,
Subiecta cui sunt Tartara,
Soluta mortis vincula,
Recepta vitae praemia.

Victor subactis inferis
Tropaea Christus explicat,
Coeloque aperte subditum
Regem tenebrarum trahit.

Ut sis perenne mentibus
Paschale, Iesu, gaudium,
A morte dira criminum
Vitae renatos libera.

Deo patri sit gloria,
Et Filio qui a mortuis
Surrexit, et Paraclito
In sempiterna saecula.

XII. HYMNUS PASCHALIS.

Aurora lucis rutilat,
Coelum laudibus intonat,
Mundus exultans iubilat,
Gemens infernus ululat,

Cum rex ille fortissimus,
Mortis confractis viribus,
Pede conculcans Tartara
Solvit a poena miseros!

Ostensa sibi vulnera
In Christi carne fulgida
Resurrexisse Dominum
Voce fatentur publica.

Rex Christe clementissime,
Tu corda nostra posside,
Ut tibi laudes debitas
Reddamus omni tempore!

DE DIERUM CREATIONE HYMNI VI.

XIII. DE OPERE DIEI PRIMAE.

Lucis creator optime,
Lucem dierum proferens,
Primordiis lucis novae
Mundi parans originem.

Qui mane iunctum vesperi
Diem vocari praecipis,
Tetrum chaos illabitur:
Audi preces cum fletibus!

Ne mens gravata crimine
Vitae sit exsul munere,
Dum nil perenne cogitat,
Seseque culpis illigat.

Coeleste pulset ostium,
Vitale tollat premium,
Vitemus omne noxium,
Purgemus omne pessimum.

XVII. DE OPERE DIEI QUINTAE.

Magnae Deus potentiae,
Qui fertili natos aqua
Partim relinquis gurgiti,
Partim levas in aëra,

Demersa lymphis imprimens,
Subvecta coelis erigens,
Ut stirpe ab una prodita
Diversa repleant loca;

Largire cunctis servulis,
Quos mundat unda sanguinis,
Nescire lapsus criminum
Nec ferre mortis taedium,

Ut culpa nullum deprimat,
Nullum efferat iactantia,
Elisa mens ne concidat,
Elata mens ne corruat.

XVIII. DE OPERE DIEI SEXTAE.

Hominis superne conditor,
Qui cuncta solus ordinans
Humum iubes producere
Reptantis et ferae genus,

Et magna rerum corpora,
Dicto iubentis vivida,
Per temporum certas vices
Obtemperare servulis;

Tibi nocturno tempore
Hymnum deflentes canimus,
Ignosce nobis, Domine,
Ignosce confitentibus,

Quia tu ipse testis et iudex,
Quem nemo potest fallere,
Secreta conscientiae
Nostrae videns vestigia.

Tu nostrorum pectorum
Solus investigator es,
Tu vulnerum latentium
Bonus assistens medicus.

Tu es qui certo tempore
Daturus finem saeculi,
Tu cunctorum meritis
Iustus remunerator es.

Te ergo, Sancte, quaesumus
Ut nostra cures vulnera,
Qui es cum Patre Filius
Semper cum Sancto Spiritu.

XX. HYMNUS DE NATIVITATE DOMINI.

A solis ortus cardine
Et usque terrae limitem
Christum canamus principem,
Natum Mariae virginis.

Gaudete, quicquid gentium,
Iudaea, Roma et Graecia,
Aegypte, Thrax, Persa, Scytha,
Rex unus omnes possidet.

Laudate vestrum principem,
Omnes beati ac perditi,
Vivi, imbecilli ac mortui,
Iam nemo post haec mortuus.

Fit porta Christi pervia
Referta plena gratia,
Transitque rex, et permanet
Clausa ut fuit per saecula.

Genus superni numinis
Processit aula virginis,
Sponsus, redemptor, conditor,
Suae gigas ecclesiae.

Honor matris et gaudium,
Immensa spes credentium,
Per atra mortis pocula
Resolvit nostra crimina.

Lapis de monte veniens
Mundumque replens gratia,
Quem non praecisum manibus
Vates vetusti nuntiant.

Qui verbum caro factus est
Praeconio angelico,
De claustris virginalibus
Virginis virgo natus est.

Rorem dederunt aethera
Nubesque iustum fuderunt,
Patens excepit dominum
Terra salutem generans.

Mirabilis conceptio:
Christum protulit sobolem
Ut virgo partem funderet,
Post partum virgo sisteret.

Exultet omnis anima,
Nunc redemptorem gentium
Mundi venisse dominum
Redimere quos condidit.

Creator cuncti generis,
Orbis quem totus non capit,
In tua, sancta genitrix,
Sese reclusit viscera.

Quem pater ante tempora
Deus Deumque genuit,
Matris almae virginitas
Cum tempore partum edidit.

Tollens cuncta facinora
Et donans sancta munera,
Augmentum lucis afferens,
Tenebris damnum inferens.

IV.

AUGUSTINIANI.

I. DE GAUDIIS PARADISI.

Ad perennis vitae fontem mens sitivit arida;
Claustra carnis praesto frangi clausa quaerit anima:
Gliscit, ambit, eluctatur exul frui patria.

Dum pressuris ac aerumnis se gemit obnoxiam,
Quam amisit, dum deliquit, contemplatur gloriam,
Praesens malum auget boni perditi memoriam.

Nam quis promat summae pacis quanta sit laetitia,
Ubi vivis margaritis surgunt aedificia,
Auro celsa micant tecta, radiant triclinia?

Solis gemmis pretiosis haec structura nectitur;
Auro mundo, tanquam vitro, urbis via sternitur;
Abest limus, deest fimus, lues nulla cernitur.

Hiems horrens, aestas torrens illic nunquam saeviunt;
Flos perpetuus rosarum ver agit perpetuum;
Candent lilia, rubescit crocus, sudat balsamum.

Virent prata, vernant sata, rivi mellis influunt;
Pigmentorum spirat odor, liquor et aromatum;
Pendent poma floridorum non lapsura nemorum.

Non alternat luna vices, sol vel cursus siderum;
Agnus est felicis urbis lumen inocciduum;
Nox et tempus desunt ei, diem fert continuum.

Nam et sancti quique velut sol praeclarus rutilant;
Post triumphum coronati mutuo coniubilant,
Et prostrati pugnas hostis iam securi numerant.

Omni labe defaecati carnis bella nesciunt,
Caro facta spiritalis et mens unum sentiunt;
Pace multa perfruentes scandalum non perferunt.

Mutabilibus exuti repetunt originem,
Et praesentem veritatis contemplantur speciem,
Hinc vitalem vivi fontis hauriunt dulcedinem.

Inde statum semper idem existendi capiunt;
Clari, vividi, iucundi nullis patent casibus:
Absunt morbi semper sanis, senectus iuvenibus.

Hinc perenne tenent esse, nam transire transiit;
Inde virent, vigent, florent: corruptela corruit,
Immortalitatis vigor mortis ius absorbuit.

Qui Scientem cuncta sciunt, quid nescire nequeunt?
Nam et pectoris arcana penetrant alterutrum;
Unum volunt, unum nolunt, unitas est mentium.

Licet cuiquam sit diversum pro labore meritum,
Caritas hoc facit suum, quod, dum amat alterum,
Proprium sic singulorum fit commune omnium.

Ubi corpus illic jure congregantur aquilae;
Quo cum angelis et sanctae recreantur animae,
Uno pane vivunt cives utriusque patriae.

Avidi et semper pleni habent quod desiderant;
Non satietas fastidit, neque fames cruciat:
Inhiantes semper edunt, et edentes inhiant.

Novas semper melodias vox meloda concrepat,
Et in jubilum prolata mulcent aures organa,
Digna per quem sunt victores regi dant praeconia.

Felix coeli quae praesentem regem cernit anima,
Et sub sede spectat alta orbis volvi machinam:
Solem, lunam et globosa cum planetis sidera!

Christe, palma bellatorum, hoc in municipium
Introduc me post solutum militare cingulum;
Fac consortem donativi beatorum civium!

Probes vires inexhausto laboranti proelio,
Nec quietem post procinctum deneges emerito,
Teque merear potiri sine fine praemio!

II. DE GAUDIIS PARADISI.

O gens beata coelitum,
Sanctorum phalanx principum,
O quanta Dei gratia
Inundat vos per omnia!
Supremus vobis Dominus
Summum dat bonum cominus
Quo frui licet omnibus.

O quanta super sidera
Vibratis omnes lumina!
Splendore solem vincitis
Et quidquid micat sideris;
Et si qua stella clarius
Fulgeret, quam sol aureus;
Lux vestra major omnibus.

Corpus crystallo purius;
Ut sol refulget animus;
Venae corallo similes,
Nec auri filo dispares;
In venis sanguis gratius
Flagrabit, rosis suavius
Et balsame jucundius.

In paradiso vivitis,
Florum corollas flectitis,
Rosas miscetis liliis,
Ligustra cum narcissulis.
Flos unus, hic cultissimus,
Plus mille voluptatibus
Puris redundat mentibus.

Hic mensa semper epulis
Instructa manet coelicis;
Cum Deo vos accumbitis,
Ejus fruentes ferculis.
Hic nulla desunt dulcia,
Haud nectar, haud ambrosia:
Illis abundant omnia.

O quanta hic sunt gaudia,
Quam dulcis sonat musica,
Quae vocum hic concordia,
Quae fidum est harmonia.
O quam miscentur dulciter,
Quam tinniunt suaviter:
Nil est auditum taliter!

Deum videtis principem
De facie ad faciem,
Ex quo vobis coelestia
Nascuntur tanta gaudia,
Quanta nec videt oculus,
Nec ullus cepit auribus—
Hic mundus sordet omnibus.

III. ANTIDOTUM CONTRA TYRANNIDEM PECCATI.

Quid, tyranne! quid minaris?
Quid usquam poenarum est,
Quidquid tandem machinaris:
Hoc amanti parum est.
Dulce mihi cruciari,
Parva vis doloris est:
"Malo mori quam foedari!"
Major vis amoris est.

Para rogos, quamvis truces,
Et quiquid flagrorum est;
Adde ferrum, adde cruces:
Nil adhuc amanti est.

Dulce mihi cruciari,
Parva vis doloris est:
"Malo mori quam foedari!"
Major vis amoris est.

Nimis blandus dolor ille!
Una mors, quam brevis est!
Cruciatus amo mille,
Omnis poena levis est.
Dulce mihi sauciari,
Parva vis doloris est:
"Malo mori quam foedari!"
Major vis amoris est.

V.

PRUDENTIUS.

I. DE NATIVITATE DOMINI.

Da, puer, plectrum, choreis
Ut canam fidelibus
Dulce carmen et melodum,
Gesta Christi insignia.
Hunc camena nostra solum
Pangat, hunc laudet lyra.

Corde natus ex parentis
Ante mundi exordium,
A et Ω cognominatus,
Ipse fons et clausula
Omnium, quae sunt, fuerunt,
Quaeque post futura sunt,

Corporis formam caduci,
Membra morti obnoxia
Induit, ne gens periret
Protoplasti ex germine,
Merserat quem lex profundo
Noxialis Tartaro.

O beatus ortus ille,
Virgo cum puerpera
Edidit nostram salutem
Foeta Sancto Spiritu,
Et puer, redemptor orbis,
Os sacratum protulit.

Psallat altitudo coeli;
Psallat omnis angelus;
Quidquid est virtutis usquam
Psallat in laudem Dei:
Nulla linguarum silescat,
Vox et omnis consonet.

Ecce! quem vates vetustis
Concinebant seculis;
Quem prophetarum fideles
Paginae spoponderant,
Emicat promissus olim:
Cuncta collaudent eum!

Te senes et te iuventus,
Parvulorum te chorus,
Turba matrum virginumque,
Simplices puellulae
Voce concordes pudicis
Perstrepant concentibus.

Fluminum lapsus et unda,
Littorum crepidines,
Imber, aestus, nix, pruina,
Aura, silva, nox, dies
Omnibus te concelebrant
Saeculorum saeculis!

II. IN EXSEQUIIS.

Iam moesta quiesce querela,
Lacrymas suspendite, matres!
Nullus sua pignora plangat:
Mors haec reparatio vitae est.

Quidnam sibi saxa cavata,
Quid pulchra volunt monumenta?
Res quod nisi creditur illis
Non mortua, sed data somno.

Nam quod requiescere corpus
Vacuum sine mente videmus,
Spatium breve restat, ut alti
Repetat collegia sensus.

Venient cito saecula, quum iam
Socius calor ossa revisat,
Animataque sanguine vivo
Habitacula pristina gestet.

Quae pigra cadavera pridem
Tumulis putrefacta iacebant,
Volucres rapientur in auras,
Animas comitata priores.

Sic semina sicca virescunt
Iam mortua iamque sepulta,
Quae reddita cespite ab imo
Veteres meditantur aristas.

Nunc suscipe, terra, fovendum,
Gremioque hunc concipe molli!
Hominis tibi membra sequestro,
Generosa et fragmina credo.

Animae fuit haec domus olim
Factoris ab ore creatae;
Fervens habitavit in istis
Sapientia principe Christo.

Tu depositum tege corpus!
Non immemor ille requiret
Sua munera fictor et auctor
Propriique aenigmata vultus.

Veniant modo tempora iusta,
Quum spem Deus impleat omnem;
Reddas patefacta necesse est,
Qualem tibi trado figuram.

Non, si cariosa vetustas
Dissolverit ossa favillis,
Fueritque ciniscutus arens
Minimi mensura pugilli;

Nec, si vaga flamina et aurae,
Vacuum per inane volantes,
Tulerint cum pulvere nervos,
Hominem periisse licebit.

Sed dum resolubile corpus
Revocas, Deus, atque reformas,
Quanam regione jubebis
Animam requiescere puram?

Gremio senis addita sancti
Recubabit, ut est Eleazar,
Quem floribus undique septum
Dives procul aspicit ardens.

Sequimur tua dicta, Redemptor,
Quibus atra morte triumphans,
Tua per vestigia mandas
Socium crucis ire latronem.

Patet ecce fidelibus ampli
Via lucida iam Paradisi,
Licet et nemus illud adire,
Homini quod ademerat anguis.

Nos tecta fovebimus ossa
Violis et fronde frequente,
Titulumque et frigida saxa
Liquido spargemus odore.

III. AD GALLI CANTUM.

Ales, diei nuntius,
Lucem propinquam praecinit;
Nos excitator mentium
Iam Christus ad vitam vocat.

"Auferte," clamat, "lectulos,
Aegros, soporos, desides,
Castique recti ac sobrii
Vigilate: iam sum proximus!"

Iesum ciamus vocibus,
Flentes, precantes, sobrii:
Intenta supplicatio
Dormire cor mundum vetat.

Tu, Christe, somnum disiice;
Tu rumpe noctis vincula;
Tu solve peccatum vetus,
Novumque lumen ingere!

IV. DE SANCTIS INNOCENTIBUS.

Salvete, flores martyrum!
In lucis ipso limine
Quos saevus ensis messuit,
Ceu turbo nascentes rosas.

Vos, prima Christi victima,
Grex immolatorum tener,
Aram sub ipsam simplices
Palma et coronis luditis.

Quid proficit tantum nefas;
Quid crimen Herodem juvat?
Unus tot inter funera
Impune Christus tollitur.

Cunae redundant sanguine;
Sed in Deum frustra furit:
Unum petit tot mortibus,
Mortes tot unus effugit.

Inter coaevi sanguinis
Fluenta solus integer,
Ferrum, quod orbabat nurus,
Partus fefellit Virginis.

Sic dira Pharaonis mali
Edicta quondam fugerat,
Christi figuram praeferens,
Moses, receptor civium.

Matres, quaerelis parcite!
Quid rapta fletis pignora?
Agnum, salutis obsidem,
Denso sequuntur agmine.

V. HYMNUS MATUTINUS.

Lux ecce surgit aurea,
Pallens facessat caecitas,
Quae nosmet in praeceps diu
Errore traxit devio.

Haec lux serenum conferat,
Purosque nos praestet sibi,
Nihil loquamur subdolum,
Volvamus obscurum nihil.

Sic tota decurrat dies,
Ne lingua mendax, ne manus,
Occulive peccent lubrici,
Ne noxa corpus inquinet.

Speculator adstat desuper,
Qui nos diebus omnibus
Actusque nostros prospicit,
A luce prima in vesperam.

VI. DE EPIPHANIA.

O sola magnarum urbium,
Maior Bethlem, cui contigit
Ducem salutis coelitus
Incorporatum gignere.

Haec stella, quae solis rotam
Vincit decore ac lumine,
Venisse terris nuntiat
Cum carne terrestri Deum.

Videre postquam illum Magi
Eoa promunt munera,
Stratique votis offerunt
Thus, myrrham et aurum regium.

Regem Deumque annuntiant
Thesaurus et fragrans odor
Thuris Sabaei, ac myrrheus
Pulvis sepulcrum praedocet.

Iesu, tibi sit gloria,
Qui apparuisti gentibus,
Cum Patre et almo Spiritu,
In sempiterna saecula.

VI.

SEDULIUS.

I. DE NATIVITATE DOMINI.

A solis ortus cardine
Ad usque terrae limitem
Christum canamus principem,
Natum Maria virgine.

Beatus auctor saeculi
Servile corpus induit,
Ut carne carnem liberans
Ne perderet quos condidit.

Castae parentis viscera
Coelestis intrat gratia:
Venter puellae baiulat
Secreta, quae non noverat.

Domus pudici pectoris
Templum repente fit Dei:
Intacta, nesciens virum,
Verbo concepit filium.

Enixa iam puerpera est,
Quem Gabriel praedixerat,
Quem matris alvo gestiens
Clausus Ioannes senserat.

Foeno iacere pertulit,
Praesepe non abhorruit,
Parvoque lacte pastus est,
Per quem nec ales esurit.

Gaudet chorus coelestium
Et angeli canunt Deo,
Palamque fit pastoribus
Pastor, creator omnium.

II. DE EPIPHANIA DOMINI.

Herodes, hostis impie,
Christum venire quid times?
Non eripit mortalia,
Qui regna dat coelestia.

Ibant Magi, quam viderant
Stellam sequentes praeviam:
Lumen requirunt lumine,
Deum fatentur munere.

Caterva matrum personat,
Collisa deflens pignora;
Quorum tyrannus millia
Christo sacravit victimam.

Lavacra puri gurgitis
Coelestis agnus attigit:
Peccata, quae non detulit,
Nos abluendo sustulit.

Miraculis dedit fidem,
Habere se Deum patrem:
Infirma sanans corpora,
Resuscitans cadavera.

Novum genus potentiae:
Aquae rubescunt hydriae,
Vinumque iussa fundere
Mutavit unda originem.

III. SALVE SANCTA PARENS.

Salve sancta Parens, enixa puerpera Regem,
Qui coelum terramque regit per saecula, cuius
Numen et aeterna complectens omnia giro
Imperium sine fine manet; quae ventre beato
Gaudia matris habens cum virginitatis honore,
Nec primam similem visa est, nec habere sequentem;
Sola sine exemplo placuisti femina Christo!
Christe, fave votis, qui mundum in morte iacentem
Vivificare volens quondam terrena petisti!

VII.

E L P I S.

HYMNUS DE PETRO ET PAULO.

Aurea luce et decore roseo
Lux lucis omne perfudisti saeculum,
Decorans coelos inclyto martyrio
Hac sacra die, quae dat reis veniam.

Ianitor coeli, doctor orbis pariter,
Iudices saecli, vera mundi lumina,
Per crucem alter, alter ense triumphans,
Vitae senatum laureati possident.

Iam, bone pastor Petre, clemens accipe
Vota precantum et peccati vincula
Resolve tibi potestate tradita,
Qui cunctis coelum verbo claudis, aperis.

Doctor egregie Paule, mores instrue,
Et mente polum nos transferre satage,
Donec perfectum largiatur plenius
Evacuato, quod ex parte gerimus.

Olivae binae pietatis unicae,
Fide devotos, spe robustus, maxume
Fonte repletos caritatis geminae
Post mortem carnis impetrate vivere.

O Roma felix, quae duorum principum
Es consecrata gloriosa sanguine,
Horum cruore purpurata, ceteras
Excellis orbis una pulchritudine.

Sit Trinitati sempiterna gloria,
Honor, potestas atque iubilatio,
In unitate, cui manet imperium
Et tunc et modo per aeterna saecula.

VIII.

FORTUNATUS.

I. DE PASSIONE DOMINI.

Pange, lingua, gloriosi proelium certaminis,
Et super crucis tropaeo dic triumphum nobilem,
Qualiter Redemptor orbis immolatus vicerit.

De parentis protoplasti fraude factor condolens,
Quando pomi noxialis morsu in mortem corruit,
Ipse lignum tunc notavit, damna ligni ut solveret.

Hoc opus nostrae salutis ordo depoposcerat,
Multiformis proditoris ars ut artem falleret,
Et medelam ferret inde hostis unde laeserat.

Quando venit ergo sacri plenitudo temporis,
Missus est ab arce Patris natus orbis conditor,
Atque ventre virginali caro factus prodiit.

Vagit infans inter arcta conditus praesepia,
Membra pannis involuta virgo mater alligat,
Et pedes manusque crura stricta cingit fascia.

Lustra sex qui iam peracta tempus implens corporis,
Se volente natus ad hoc, passioni deditus
Agnus in cruce levatur, immolandus stipite.

Hic acetum, fel, arundo, sputa, clavi, lancea,
Mite corpus perforatur, sanguis unda profluit,
Terra, pontus, astra, mundus, quo lavantur flumine.

Crux fidelis inter omnes arbor una nobilis,
Nulla talem silva profert, fronde, flore, germine,
Dulce lignum dulci clavo dulce pondus sustinens.

Flecte ramos, arbor alta, tensa laxa viscera,
Et rigor lentescat ille, quem dedit nativitas,
Ut superni membra regis miti tendas stipite.

Sola digna tu fuisti ferre pretium saeculi,
Atque portum praeparare nauta mundo naufrago,
Quem sacer cruor perunxit fusus agni corpore.

II. DE CRUCE CHRISTI.

Crux benedicta nitet, Dominus qua carne pependit,
  Atque cruore suo vulnera nostra lavit;
Mitis amore pio pro nobis victima factus,
  Traxit ab ore lupi qua sacer agnus oves;
Transfixis palmis ubi mundum a clade redemit,
  Atque suo clausit funere mortis iter.
Hic manus illa fuit clavis confixa cruentis,
  Quae eripuit Paulum crimine, morte Petrum.
Fertilitate potens, O dulce et nobile lignum,
  Quando tuis ramis tam nova poma geris;

Cuius odore novo defuncta cadavera surgunt,
Et redeunt vitae qui caruere die;
Nullum uret aestus sub frondibus arboris huius,
Luna nec in nocte, sol neque meridie.
Tu plantata micas, secus est ubi cursus aquarum,
Spargis et ornatas flore recente comas.
Appensa est vitis inter tua brachia, de qua
Dulcia sanguine vina rubore fluunt.

III. DE PASSIONE CHRISTI.

Vexilla regis prodeunt,
Fulget crucis mysterium,
Quo carne carnis conditor
Suspensus est patibulo.

Qui vulneratus insuper
Mucrone diro lanceae,
Ut nos lavaret crimine
Manavit unda et sanguine.

Impleta sunt, quae concinit
David fideli carmine,
Dicens: In nationibus
Regnabit a ligno Deus!

Arbor decora et fulgida,
Ornata regis purpura,
Electa digno stipite
Tam sancta membra tangere!

Beata, cuius brachiis
Pretium pependit seculi;
Statera facta corporis
Praedamque tulit tartari.

Aroma fundis cortice,
Vincis saporem nectaris,
Iucunda fructu fertili
Plaudis triumpho nobili.

Salve ara, salve victima,
De passionis gloria:
Qua vita mortem pertulit,
Et morte vitam reddidit!

O crux, ave, spes unica,
Hoc passionis tempore,
Piis adauge gratiam,
Reisque dele crimina!

IV. DE RESURRECTIONE DOMINI.

Salve, festa dies, toto venerabilis aevo,
Qua Deus infernum vicit, et astra tenet.
Salve, festa dies, toto venerabilis aevo.

Ecce renascentis testatur gratia mundi
Omnia cum Domino dona redisse suo,
Qua Deus infernum vicit, et astra tenet.

Namque triumphanti post tristia Tartara Christo
Undique fronde nemus, gramina flore favent.
Salve, festa dies, toto venerabilis aevo.

Legibus inferni oppressis super astra meantem
  Laudant rite Deum lux, polus, arva, fretum,
    Qua Deus infernum vicit, et astra tenet.

Qui crucifixus erat, Deus ecce per omnia regnat,
  Dantque Creatori cuncta creata precem.
    Salve, festa dies, toto venerabilis aevo.

IX.

EUGENIUS.

Rex Deus, immensi quo constat machina mundi,
Quod miser imploro per Christum, perfice clemens:
Da vigilem sensum, rex regum cuncta gubernans,
Da, precor, ingenium, da mentis lumen honestum.
Sit mihi recta fides, et falsis obvia sectis,
Sit mihi praecipue morum correctio praesens.
Sim carus, verax, humilis, cum tempore prudens,
Secreti tacitus et linguae famine cautus.
Da fidum socium, da fixum semper amicum.
Da blandum, sobrium, parcum, castumque ministrum.
Non me pauperies cruciet, aut languor obuncet.
Sit comes alma salus, et sufficientia victus.
Absint divitiae, fastus et iurgia, lites,
Invidia et luxus et ventris pensio turpis.
Crimine nec laedam quemquam, nec crimine laedar.
Sic bene velle queam, quo pravum velle recedat.
Turpe nihil cupiam, faciam, vel proloquar unquam.
Te mens desideret, sermo canat, actio promat.
Da, Pater altitonans, undosum fletibus imbrem
Quo valeam lacrymis culparum solvere moles.

Da, precor, auxilium, possim quo vincere mundum,
Et vitae stadium placido percurrere passu.
Quumque suprema dies mortis patefecerit urnam,
Concede veniam, cui tollit culpa coronam.
Gloria summa tibi, coelique terraeque Creator,
Qui Deus es trinus, regnans super omnia solus.

X.

AUCTOR INCERTUS.

Apparebit repentina dies magna Domini,
Fur obscura velut nocte improvisos occupans.

Brevis totus tum parebit prisci luxus saeculi,
Totum simul cum clarebit praeterisse saeculum.

Clangor tubae per quaternas terrae plagas concinens,
Vivos una mortuosque Christo ciet obviam.

De coelesti iudex arce, maiestate fulgidus,
Claris angelorum choris comitatus aderit.

Erubescet orbis lunae, sol et obscurabitur,
Stellae cadent pallescentes, mundi tremet ambitus.

Flamma ignis anteibit iusti vultum iudicis,
Coelos, terras et profundi fluctus ponti devorans.

Gloriosus in sublimi Rex sedebit solio,
Angelorum tremebunda circumstabunt agmina.

Huius omnes ad electi colligentur dexteram,
Pravi pavent a sinistris, hoedi velut foetidi.

Ite, dicit Rex ad dextros, regnum coeli sumite,
Pater vobis quod paravit ante omne saeculum.

Karitate qui fraterna me iuvistis pauperem,
Caritatis nunc mercedem reportate divites.

Laeti dicent: Quando, Christe, pauperem te vidimus,
Te, Rex magne, vel egentem miserati iuvimus?

Magnus illis dicet iudex: cum iuvistis pauperes,
Panem, domum, vestem dantes, me iuvistis humiles.

Nec tardabit et sinistris loqui iustus arbiter:
In Gehennae, maledicti, flammas hinc discedite!

Obsecrantem me audire despexistis mendicum,
Nudo vestem non dedistis, neglexistis languidum.

Peccatores dicent: Christe, quando te vel pauperem,
Te, Rex magne, vel infirmum contemnentes sprevimus?

Quibus contra iudex altus: Mendicanti quamdiu
Opem ferre despexistis, me sprevistis improbi.

Retro ruent tum iniusti ignes in perpetuos,
Vermis quorum non morietur, flamma nec restinguitur.

Satan atro cum ministris quo tenetur carcere,
Fletus ubi mugitusque, strident omnes dentibus.

Tunc fideles ad coelestem sustollentur patriam,
Choros inter angelorum regni petent gaudia.

Urbis summae Hierusalem introibunt gloriam,
Vera lucis atque pacis in qua fulget visio.

XPM regem iam paterna claritate splendidum
Ubi celsa beatorum contemplantur agmina.

Ydri fraudes ergo cave, infirmantes subleva,
Aurum temne, fuge luxus, si vis astra petere.

Zona clara castitatis lumbos nunc praecingere,
In occursum magni Regis fer ardentes lampades.

XI.

GREGORIUS MAGNUS.

I. HYMNUS AD LAUDES.

Ecce iam noctis tenuatur umbra,
Lucis aurora rutilans coruscat,
Nisibus totis rogitemus omnes
Cunctipotentem,

Ut Deus noster miseratus omnem
Pellat angorem, tribuat salutem,
Donet et nobis pietate patris
Regna polorum.

Praestet hoc nobis Deitas beata
Patris ac Nati pariterque Sancti
Spiritus, cuius reboat per omnem
Gloria mundum.

II. IN CAENA DOMINI.

Rex Christe, factor omnium,
Redemptor et credentium,
Placare votis supplicum,
Te laudibus colentium!

Cuius benigna gratia
Crucis per alma vulnera
Virtute solvit ardua
Primi parentis vincula.

Qui es creator siderum,
Tegmen subisti carneum,
Dignatus hanc vilissimam
Pati doloris formulam.

Ligatus es, ut solveres
Mundi ruentis complices,
Per probra tergens crimina,
Quae mundus auxit plurima.

Cruci, redemptor, figeris,
Terram sed omnem concutis;
Tradis potentem spiritum,
Nigrescit atque seculum.

Mox in paternae gloriae
Victor resplendens culmine
Cum Spiritus munimine
Defende nos, Rex optime!

III. IN QUADRAGESIMA.

Audi, benigne conditor,
Nostras preces cum fletibus,
In hoc sacro ieiunio
Fusas quadragenario.

Scrutator alme cordium
Infirma tu scis virium,
Ad te reversis exhibe
Remissionis gratiam.

Multum quidem peccavimus,
Sed parce confitentibus;
Ad laudem tui nominis
Confer medelam languidis.

Sic corpus extra conteri
Dona per abstinentiam,
Ieiunet ut mens sobria
A labe prorsus criminum.

IV. AD NOCTURNAM.

Nocte surgentes vigilemus omnes,
Semper in psalmis meditemur, atque
Voce concordi Domino canamus
Dulciter hymnos!

Ut pio regi pariter canentes
Cum suis sanctis mereamur aulam
Ingredi coeli simul et perennem
Ducere vitam.

Praestet hoc nobis Deitas beata
Patris ac Nati pariterque Sancti
Spiritus, cuius resonat per omnem
Gloria mundum!

V. DE EPIPHANIA.

Nuntium vobis fero de supernis,
Natus est Christus, dominator orbis,
In Bethlem Iudae, veluti propheta
Dixerat ante.

Hunc canit laetus chorus angelorum,
Stella declarat, veniunt Eoi
Principes dignum celebrare cultum,
Mystica dona.

Thus Deo, myrrham trocleten humando,
Bracteas regi chryseas tulere,
Dum colunt unum, meminere trino
Tres dare terna.

VI. HYMNUS IN DIE PENTECOSTE.

Veni creator Spiritus,
Mentes tuorum visita,
Imple superna gratia
Quae tu creasti pectora.

Qui paraclitus diceris,
Donum Dei altissimi,
Fons vivus, ignis, caritas,
Et spiritalis unctio.

Tu septiformis munere,
Dextrae Dei tu digitus,
Tu rite promissum Patris
Sermone ditans guttura.

Accende lumen sensibus,
Infunde amorem cordibus,
Infirma nostri corporis
Virtute firmans perpetim.

Hostem repellas longius,
Pacemque dones protinus,
Ductore sic te praevio
Vitemus omne noxium.

Da gaudiorum praemia,
Da gratiarum munera,
Dissolve litis vincula,
Adstringe pacis foedera.

Per te sciamus, da, Patrem,
Noscamus atque Filium,
Te utriusque Spiritum
Credamus omni tempore.

Sit laus Patri cum Filio,
Sancto simul Paraclito,
Nobisque mittat Filius
Charisma sancti Spiritus.

XII.

BEDA VENERABILIS.

I. DE NATALI INNOCENTIUM.

Hymnum canentes martyrum
Dicamus innocentium,
Quos terra flentes perdidit,
Gaudens sed aethra suscipit.
Vultum patris per saecula
Quorum tuentur angeli,
Eiusque laudant gratiam,
Hymnum canentes martyrum.

Quos rex peremit impius,
Pius sed auctor colligit,
Secum beatos collocans,
In luce regni perpetis.
Qui mansiones singulis
Largitus in domo patris,
Donat supernis sedibus
Quos rex peremit impius.

Vox in Rama percrebuit,
Lamenta luctus maximi,
Rachel suos cum lacrimis
Perfusa flevit filios.

Gaudent triumpho perpeti
Tormenta quique vicerant,
Quorum gemens ob verbera
Vox in Rama. percrebuit.

Ne, grex pusille, formides
Dentes leonis perfidos,
Pastor bonus nam pascua
Vobis dabit coelestia.
Agnum Dei qui candidum
Mundo sequeris tramite,
Manus latronis impias
Ne, grex pusille, formides.

Absterget omnem lacrymam,
Vestris pater de vultibus,
Mors vobis ultra non nocet,
Vitae receptis moenibus.
Qui seminent in lacrymis
Longo metent in gaudio,
Genis lugentum conditor
Absterget omnem lacrymam.

O! quam beata civitas
In qua redemptor venitur,
Natoque primae martyrum
In qua dicantur hostiae.
Nunquam vocaris parvula
In civitatum millibus,
Ex qua novus dux ortus est,
O! quam beata civitas!

Adstant nitentes fulgidis
Eius throno nunc vestibus,
Stolas suas qui laverant
Agni rubentes sanguine.
Qui perpetis pro patriae
Regno gementes fleverant,
Laeti Deo cum laudibus
Adstant nitentes fulgidis.

II. DE ASCENSIONE DOMINI.

Hymnum canamus gloriae,
Hymni novi nunc personent,
Christus novo cum tramite
Ad Patris ascendit thronum.

Transit triumpho gloriae
Poli potenter culmina,
Qui morte mortem absumserat,
Derisus a mortalibus.

Erant in admirabili
Regis triumpho alti throni
Coetus simul coelestium
Polum petentes agminum.

Apostoli tum, mystico
In monte stantes chrismatis,
Cum matre claram virgine
Iesu videbant gloriam.

Ac ipse cuncta transiens
Coeli micantis culmina
Ad dexteram patris sedit
Consempiternus filius:

Venturus inde in gloria
Vivos simul cum mortuis
Diiudicare pro actibus,
Iusto potens examine.

Quo nos precamur tempore,
Iesu redemptor unice,
Inter tuos in aethere
Servos benignus adgrega.

Nostris ibi tum cordibus,
Tuo repleto Spiritu,
Ostende Patrem, et sufficit
Haec nobis una visio.

III. AD CRUCEM.

Salve, tropaeum gloriae,
Salve, sacrum victoriae
Signum, Deus quo perditum
Mundum redemit mortuus.

O gloriosa fulgidis
Crux emicas virtutibus,
Quam Christus ipse proprii
Membris dicavit corporis.

Quondam genus mortalium
Metu premebas pallido,
At nunc reples fidelium
Amore laeto pectora.

En! ludus est credentium
Tuis frui complexibus,
Quae tanta gignis gaudia,
Pandis polique januas;

Quae conditoris suavia
Post membra, nobis suavior
Es melle facta, et omnibus
Praelata mundi honoribus.

Te nunc adire gratulor,
Te caritatis brachiis
Complector, ad coelestia
Conscendo per te gaudia.

Sic tu libens me suscipe,
Illius, alma, servulum,
Qui me redemit per tuam
Magister altus gloriam.

Sic fatur Andreas, crucis
Erecta cernens cornua,
Tradensque vestem militi,
Levatur in vitae arborem.

XIII.

PAULUS DIACONUS.

Ut queant laxis
Resonare fibris
Mira gestorum
Famuli tuorum;
Solve polluti
Labii reatum,
Sancte Iohannes!

Nuntius celso
Veniens Olympo,
Te patri magnum
Fore nasciturum,
Nomen et vitae
Seriem gerendae
Ordine promit.

Ille promissi
Dubius superni,
Perdidit promtae
Modulos loquelae,
Sed reformasti
Genitus peremtae
Organa vocis.

Ventris obtruso
Recubans cubili,
Senseras Regem
Thalamo manentem,
Hinc parens nati
Meritis uterque
Abdita pandit.

Sit decus Patri,
Genitaeque Proli,
Et tibi, compar
Utriusque virtus,
Spiritus semper,
Deus unus, omni
Temporis aevo!

XIV.

ALCUIN.

Te homo laudet, alme creator,
Pectore, mente, pacis amore,
Non modo parva pars quia mundi est,

Sed tibi, Sancte, solus imago
Magna, creator, mentis in arce
Pectore puro, dum pie vivit.

O Deus et lux, laus tua semper
Pectora et ora compleat, ut te
Semper amemus, sanctus ubique.

Haec pia verba, virgo fidelis,
Ore caveto, ut tua mitis
Tempora Christus tota gubernet.

Te cui castum corpore, mente
Dirige templum, dulcis amica,
Et sine semper fine valeto.

Qui tibi solus sit, rogo, semper
Lux, amor atque forma salutis,
Vita perennis, gloria perpes!

XV.

THEODULPHUS.

IN RAMIS PALMARUM.

Gloria, laus et honor tibi sit, rex Christe redemptor,
Cui puerile decus promsit Hosanna pium.
Israel tu rex, Davidis et inclyta proles,
Nomine qui in Domini, rex benedicte, venis.
Coetus in excelsis te laudat coelicus omnis
Et mortalis homo, cuncta creata simul.
Plebs Hebraea tibi cum palmis obvia venit:
Cum prece, voto, hymnis adsumus ecce tibi.
Hi tibi passuro solvebant munia laudis,
Nos tibi regnanti pangimus ecce melos.
Hi placuere tibi; placeat devotio nostra,
Rex pie, rex clemens, cui bona cuncta placent.
Gloria, laus et honor tibi sit, rex Christe redemptor,
Cui puerile decus promsit Hosanna pium.

XVI.

NOTKERUS VETUSTIOR.

I. ANTIPHONA IN MORTE.

Media vita
In morte sumus;
Quem querimus adjutorem,
Nisi te, Domine,
Qui pro peccatis nostris
Iuste irasceris!
Sancte Deus, sancte fortis,
Sancte et misericors Salvator,
Amarae morti
Ne tradas nos!

II. ANTIPHONA. GLORIA IN EXCELSIS.

Grates nunc omnes reddamus Domino Deo,
Qui sua nativitate nos liberavit
De diabolica potestate.
Huic oportet, ut canamus cum angelis semper:
Gloria in excelsis

III. DE NATIVITATE DOMINI.

Eia recolamus laudibus piis digna huius diei carmina,
In qua lux nobis oritur gratissima.
Noctis interit nebula, pereunt nostri criminis umbracula:
Hodie seculo *maris stella* est enixa novae salutis gaudia,
Quem tremunt barathra, mors cruenta pavet (ipsa a quo peribit mortua).
Gemit capta pestis antiqua, coluber lividus perdit spolia.
Homo lapsus, ovis abducta, revocatur ad aeterna gaudia.
Gaudent in hac die agmina angelorum coelestia,
Quia erat drachma decima perdita et est inventa.
O culpa nimium beata, qua redempta est natura.
Deus, qui creavit omnia, nascitur ex foemina.
Mirabilis natura, mirifice induta,
Assumens quod non erat, manens quod erat.
Induitur natura divinitas humana: quis audivit talia?
Quaerere venerat pastor pius, quod perderat;
Induit galeam, certat ut miles armatura:
Prostratus in sua propria ruit hostis spicula;
Auferuntur tela, in quibus fidebat; divisa sunt eius spolia;
Capta praeda sunt. Christi pugna fortissima salus nostra est vera,
Qui nos suam ad patriam duxit post victoriam,
In qua sibi laus est aeterna.

XVII.

AUCTOR INCERTUS.

DE ANNUNCIATIONE B. MARIAE.

Ave maris stella,
Dei mater alma
Atque semper virgo,
Felix coeli porta.

Sumens illud Ave
Gabrielis ore
Funda nos in pace,
Mutans nomen Evae.

Solve vincla reis,
Profer lumen coecis,
Mala nostra pelle,
Bona cuncta posce.

Monstra te esse matrem,
Sumat per te preces,
Qui pro nobis natus
Tulit esse tuus.

Virgo singularis,
Inter omnes mitis,
Nos culpis solutos
Mites fac et castos.

Vitam praesta puram,
Iter para tutum,
Ut videntes Iesum
Semper collaetemur!

Sit laus Deo Patri,
Summo Christo decus,
Spiritui Sancto:
Tribus honor unus!

XVIII.

ROBERTUS, GALLIAE REX.

AD SANCTUM SPIRITUS.

Veni, Sancte Spiritus,
Et emitte coelitus
Lucis tuae radium.
Veni, pater pauperum,
Veni, dator munerum,
Veni, lumen cordium.

Consolator optime,
Dulcis hospes animae,
Dulce refrigerium:
In labore requies,
In aestu temperies,
In fletu solatium.

O lux beatissima,
Reple cordis intima
Tuorum fidelium!
Sine tuo numine
Nihil est in homine,
Nihil est innoxium.

Lava quod est sordidum,
Riga quod est aridum,
Sana quod est saucium;
Flecte quod est rigidum,
Fove quod est frigidum,
Rege quod est devium!

Da tuis fidelibus
In te confitentibus
Sacrum septenarium;
Da virtutis meritum,
Da salutis exitum,
Da perenne gaudium!

XIX.

PETRUS DAMIANI.

I. DE DIE MORTIS.

Gravi me terrore pulsas, vitae dies ultima;
Moeret cor, solvuntur renes, laesa tremunt viscera,
Tuam speciem dum sibi mens depinxit anxia.

Quis enim pavendum illud explicet spectaculum,
Cum, dimenso vitae cursu, carnis aegra nexibus
Anima luctatur solvi, propinquans ad exitum?

Perit sensus, lingua riget, revolvuntur oculi,
Pectus palpitat, anhelat raucum guttur hominis,
Stupent membra, pallent ora, decor abit corporis:

Ecce! diversorum partes confluunt spirituum:
Hinc angelicae virtutes, illic turba daemonum.
Illi propius accedunt, quos invitat meritum.

Praesto sunt et cogitatus, verba, cursus, opera;
Et prae oculis nolentis glomerantur omnia:
Illuc tendat, huc se vertat, coram videt posita.

Torquet ipsa reum sinum mordax conscientia:
Plorat apta defluxisse corrigendi tempora!
Plena luctu caret fructu sera poenitentia.

Falsa tunc dulcedo carnis in amarum vertitur,
Quando brevem voluptatem perpes poena sequitur;
Iam quod magnum credebatur nil fuisse cernitur.

Atque mens in summae lucis gloriam sustollitur,
Aspernatur lutum carnis quo mersa pervolvitur,
Et ut carcerati nexu laetabunda solvitur.

Sed egressa durum iter experitur anima,
Qua incursant furiosa dirae pestis agmina,
Et diversa suis locis instruunt certāmina.

Nam hic incentores gulae, illic avaritiae;
Alibi fautores irae, alibi superbiae:
Vitii cuiusque globus suas parat aciēs.

Iam si cedat una turma mox insurgit altera;
Omnis ars tentatur belli, omnis pugnae machina,
Ne ab hostium pudore sic evadat anima.

O quam torva bellatorum monstra sunt feralium!
Tetri, truces, truculenti, flammas efflant naribus;
Dracontea tument colla; virus stillant faucibus.

Serpentinis armant spiris manus doctas proeliis;
His oppugnant adventantes telīs velut ferreis;
His quos attrahunt, aeternis mancipant incendiis.

Quaeso, Christe, Rex invicte, tu succurre misero!
Sub extrema mortis hora cum iussus abiero,
Nullum in me ius tyranno praebeatur impio!

Cadat princeps tenebrarum, cadat pars tartarea!
Pastor, ovem iam redemptam tunc reduc ad patriam,
Ubi te vivendi causa perfruar in saecula!

II. RHYTHMUS PASCHALIS.

Paschalis festi gaudium
Mundi replet ambitum;
Coelum, tellus et maria
Laeta promant carmina
Et Alleluia consonis
Modulentur organis.

Solus ululet Tartarus
Rapta praeda vacuus,
Fractos vectes et ferrea
Strata ploret moenia,
Quae subruit rex gloriae
Cum laude victoriae.

Stupenda lex mysterii,
Novum genus proelii:
Ligatus nexos liberat,
Mortuus vivificat,
Dumque vita perimitur
Mortis mors efficitur.

Cum auctor vitae moritur
Orbis et commoritur,
Sol radios operuit,
Lugens terra tremuit,
Templi velum dividitur,
Vis saxorum scinditur.

Brevi sepulcro clauditur,
Qui coelo non capitur,
Praeda vallatus divite,
Victo mortis principe,
Triumphali potentia
Surgit die tertia.

Mox intonat angelicus
Sermo mulieribus,
Apostolis ut dulcia
Haec deferrent nuntia:
"In Galilaeam pergite
Ibi Christi cernite."

Iam regis Aegyptiaci
Servitute liberi,
Post maris rubri transitum
Novum demus canticum:
Mortis soluti legibus
Christo consurreximus.

Totis, Christe, visceribus
Tibi laudes reddimus,

Qui resurgens a mortuis
Ultra iam non moreris;
Sit Patri laus et parili
Decus omne Flamini.

III. PAULUS.

Paule, doctor egregie,
Tuba clangens ecclesiae,
Nubes volans ac tonitrum
Per amplum mundi circulum.

Nobis potenter intona,
Ruraque cordis irriga,
Coelestis imbre gratiae
Mentes virescant aridae.

O magnum Pauli meritum,
Coelum conscendit tertium,
Audit verba mysterii,
Quae nullis audet eloqui.

Dum verbi spargit semina,
Seges surgit uberrima,
Sic coeli replent horreum
Bonorum fruges operum.

XX.

MARBOD.

I. DE RESURRECTIONE MORTUORUM.

Credere quid dubitem fieri quod posse probatur,
Cuius et ipse typum naturae munere gesto?
Quaque die somno, ceu mortis imagine pressus,
Rursus et evigilans veluti de morte resurgo;
Ipsa mihi sine voce loquens natura susurrat:
Post somnum vigilas, post mortis tempora vives.
Clamat idem mundus, naturaque provida rerum,
Quas Deus humanis sic condidit usibus aptas,
Ut possint homini quaedam signare futura.
Mutat luna vices, defunctaque lumine rursum
Nascitur, augmentum per menstrua tempora sumens;
Sol quoque, per noctem quasi sub tellure sepultus,
Surgens mane novus reditum de morte figurat:
Signat idem gyros agitando volubile coelum,
Aëra distinguens tenebris et luce sequente.
Ipsa parens tellus quae corpora nostra receptat,
Servat in arboribus vitae mortisque figuram,
Et similem formam redivivis servat in herbis.
Nudatos foliis brumali tempore ramos,

Et velut arentes mortis sub imagine truncos
In propriam speciem frondosa resuscitat aestas;
Quaeque peremit hyems nova gramina vere resurgunt,
Ut suus incipiat labor arridere colonis.
Nos quoque spes eadem manet et reparatio vitae,
Qua revirescat idem, sed non resolubile corpus.
An mihi subiectis data sit renovatio rebus,
Totus et hanc speciem referens mihi serviat orbis,
Me solum interea premat irreparabile damnum?
Et quid erit causae modico cur tempore vivens,
Optima pars mundi, vitaeque Datoris imago,
Post modicum peream, sublata spe redeundi,
At pro me factus duret per saecula mundus?
Nonne putas dignum magis inferiora perire
Irreparabiliter, quam quae potiora probantur?
Sed tamen illa manent, ergo magis ista manebunt.

II. ORATIO AD DOMINUM.

Deus-homo, Rex coelorum,
Miserere miserorum;
Ad peccandum proni sumus,
Et ad humum redit humus;
Tu ruinam nostram fulci
Pietate tua dulci.
Quid est homo, proles Adae?
Germen necis dignum clade.
Quid est homo nisi vermis,
Res infirma, res inermis.

Ne digneris huic irasci,
Qui non potest mundus nasci:
Noli, Deus, hunc damnare,
Qui non potest non peccare;
Iudicare non est aequum
Creaturam, non est tecum:
Non est miser homo tanti,
Ut respondeat Tonanti.
Sicut umbra, sicut fumas,
Sicut foenum facti sumus:
Miserere, Rex coelorum,
Miserere miserorum.

XXI.

HILDEBERTUS TURONENSIS.

I. CHRISTUS MARITUS.

Turtur inane nescit amare,
Nam, semel uni nupta marito
Nocte dieque juncta manebit,
Absque marito nemo videbit.

Sed viduata si caret ipso,
Non tamen ultra nubet amico,
Sola volabit, sola sedebit,
Et quasi vivum semper tenebit.

Sic est anima quaeque fidelis
Facta virili foedere felix:
Namque est Christus sibi maritus,
Quum sua de se pectora replet,
Et, bene vivens, semper adhaeret,
Non alienum quaerit amicum,
Quamlibet orcus sumpserit illum,
Quem superesse credit in aethre,
Inde futurum spectat eundem,
Ut microcosmum judicet omnem.

II. AD TRES PERSONAS ST. TRINITATIS.

AD PATREM.

Alpha et Ω, magne Deus,
Heli, Heli, Deus meus;
Cuius virtus totum posse,
Cuius sensus totum nosse,
Cuius esse summum bonum,
Cuius opus quidquid bonum;
Super cuncta, subter cuncta,
Extra cuncta, intra cuncta,
Intra cuncta, nec inclusus,
Extra cuncta, nec exclusus;
Super cuncta, nec elatus,
Subter cuncta, nec substratus;
Super totus, praesidendo,
Subter totus, sustinendo;
Extra totus, complectendo,
Intra totus es, implendo;
Intra nunquam coarctaris,
Extra nunquam dilataris,
Super nullo sustentaris,
Subter nullo fatigaris:
Mundum movens non moveris,
Locum tenens non teneris;
Tempus mutans non mutaris,
Vaga firmans non vagaris;
Vis externa vel necesse
Non alternat tuum esse.
Heri nostrum, cras et pridem,
Semper tibi nunc et idem.
Tuum, Deus, hodiernum,
Indivisum sempiternum;

In hoc totum praevidisti,
Totum simul perfecisti,
Ad exemplar summae mentis,
Formam praestans elementis.

AD FILIUM.

Nate, Patri coaequalis,
Patri consubstantialis,
Patris splendor et figura,
Factor factus creatura,
Carnem nostram induisti,
Causam nostram suscepisti:
Sempiternus, temporalis;
Moriturus, immortalis;
Verus homo, verus Deus;
Impermixtus Homo-Deus.
Non conversus hic in carnem;
Nec minutus propter carnem:
Hic assumptus est in Deum,
Non consumptus propter Deum;
Patri compar Deitate,
Minor carnis veritate:
Deus pater tantum Dei,
Virgo mater, sed est Dei:
In tam nova ligatura
Sic utraque stat natura,
Ut conservet quicquid erat,
Facta quiddam quod non erat.
Noster iste mediator,
Iste noster legislator,
Circumcisus, baptizatus,
Crucifixus, tumulatus,

Obdormivit et descendit,
Resurrexit et ascendit:
Sic ad coelos elevatus
Iudicabit iudicatus.

AD SPIRITUM SANCTUM.

Paraclitus increatus,
Neque factus, neque natus,
Patri consors, Genitoque,
Sic procedit ab utroque
Ne sit minor potestate,
Vel discretus qualitate.
Quanti illi, tantus iste,
Quales illi, talis iste.
Ex quo illi, ex tunc iste;
Quantum illi, tantum iste.
Pater alter, sed gignendo;
Natus alter, sed nascendo;
Flamen ab his procedendo;
Tres sunt unum subsistendo.
Quisque trium plenus Deus,
Non tres tamen Di, sed Deus,
In hoc Deo, Deo vero,
Tres et unum assevero,
Dans Usiae unitatem,
Et personis Trinitatem.
In personis nulla prior,
Nulla minor, nulla maior;
Unaquaeque semper ipsa,
Sic est constans atque fixa,
Ut nec in se varietur,
Nec in ulla transmutetur.

Haec est fides orthodoxa,
Non hic error sine noxa;
Sicut dico, sic et credo,
Nec in pravam partem cedo.
Inde venit, bone Deus,
Ne desperem quamvis reus:
Reus mortis non despero,
Sed in morte vitam quaero.
Quo te placem nil praetendo,
Nisi fidem quam defendo:
Fidem vides, hanc imploro;
Leva fascem quo laboro;
Per hoc sacrum cataplasma
Convalescat aegrum plasma.
Extra portam iam delatum,
Iam foetentem, tumulatum,
Vitta ligat, lapis urget;
Sed si iubes, hic resurget;
Iube, lapis revolvetur,
Iube, vitta dirumpetur:
Exiturus nescit moras,
Postquam clamas: Exi foras.
In hoc salo mea ratis
Infestatur a piratis;
Hinc assultus, inde fluctus,
Hinc et inde mors et luctus;
Sed tu, bone Nauta, veni,
Preme ventos, mare leni;
Fac abscedant hi piratae,
Duc ad portum salva rate.
Infecunda mea ficus,
Cuius ramus ramus siccus,

Incidetur, incendetur,
Si promulgas quod meretur;
Sed hoc anno dimittatur,
Stercoretur, fodiatur;
Quod si necdum respondebit,
Flens hoc loquor, tunc ardebit.
Vetus hostis in me furit,
Aquis mersat, flammis urit:
Inde languens et afflictus
Tibi soli sum relictus.
Ut infirmus convalescat,
Ut hic hostis evanescat,
Tu virtutem ieiunandi
Des infirmo, des orandi:
Per haec duo, Christo teste,
Liberabor ab hac peste;
Ab hac peste solve mentem,
Fac devotum, poenitentem;
Da timorem, quo proiecto,
De salute nil coniecto;
Da fidem, spem, caritatem;
Da discretam pietatem;
Da contemptum terrenorum,
Appetitum supernorum.
Totum, Deus, in te spero;
Deus, ex te totum quaero.
Tu laus mea, meum bonum,
Mea cuncta tuum donum;
Tu solamen in labore,
Medicamen in languore;
Tu in luctu mea lyra,
Tu lenimen es in ira;

Tu in arcto liberator,
Tu in lapsu relevator;
Motum praestas in provectu,
Spem conservas in defectu;
Si quis laedit, tu rependis;
Si minatur, tu defendis:
Quod est anceps tu dissolvis,
Quod tegendum tu involvis.
Tu intrare me non sinas
Infernales officinas;
Ubi moeror, ubi metus,
Ubi foetor, ubi fletus,
Ubi probra deteguntur,
Ubi rei confunduntur,
Ubi tortor semper caedens,
Ubi vermis semper edens;
Ubi totum hoc perenne,
Quia perpes mors gehennae.
Me receptet Syon illa,
Syon, David urbs tranquilla,
Cuius faber auctor lucis,
Cuius portae lignum crucis,
Cuius muri lapis vivus,
Cuius custos rex festivus.
In hac urbe lux solennis,
Ver aeternum, pax perennis:
In hac odor implens coelos,
In hac semper festum melos;
Non est ibi corruptela,
Non defectus, non querela;
Non minuti, non deformes,
Omnes Christo sunt conformes.

Urbs coelestis, urbs beata,
Super petram collocata,
Urbs in portu satis tuto,
De longinquo te saluto,
Te saluto, te suspiro,
Te affecto, te requiro.
Quantum tui gratulantur,
Quam festive convivantur,
Quis affectus eos stringat,
Aut quae gemma muros pingat,
Quis chalcedon, quis iacinthus,
Norunt illi qui sunt intus.
In plateis huius urbis,
Sociatus piis turbis,
Cum Moyse et Elia,
Pium cantem Alleluya. Amen.

XXII.

ABAELARDUS.

I. DIXIT AUTEM DEUS: FIANT LUMINARIA IN FIRMAMENTO COELI.

Gen. i. 14.

Ornarunt terram germina,
Nunc coelum luminaria;
Sole, luna, stellis depingitur,
Quorum multus usus cognoscitur.

Haec quaque parte condita
Sursum, Homo, considera;
Esse tuam et coeli regio
Se fatetur horum servitio.

Sole calet in hieme,
Qui caret ignis munere;
Pro nocturnae lucernae gratia
Pauper habet lunam et sidera.

Stratis dives eburneis,
Pauper jacet gramineis;
Hinc avium oblectant cantica,
Inde florum spirat fragrantia.

Impensis, Dives, nimiis
Domum casuram construis;
Falso sole pingis testudinem,
Falsis stellis in coeli speciem.

In vera coeli camera
Pauper jacet pulcherrima;
Vero sole, veris sideribus
Istam illi depinxit Dominus.

Opus magis eximium
Est naturae quam hominum;
Quod nec labor nec sumptus praeparat,
Nec vetustas solvendo dissipat.

Ministrat homo diviti,
Angelus autem pauperi,
Ut hinc quoque constet coelestia
Quam sint nobis a Deo subdita.

II. IN ANNUNTIATIONE B. V. MARIAE.

Mittit ad virginem
Non quemvis angelum,
Sed fortitudinem,
Suum archangelum,
Amator hominis.

Fortem expediat
Pro nobis nuntium,
Naturae faciat
Ut praeiudicium
In partu virginis.

Naturam superat
Natus rex gloriae,
Regnat et imperat
Et zyma scoriae
Tollit de medio.

Superbientium
Terat fastigia,
Colla sublimium
Calcet vi propria,
Potens in proelio.

Foras ejiciat
Mundanum principem,
Matremque faciat
Secum participem
Patris imperii.

Exi, qui mitteris,
Haec dona dicere,
Revela veteris
Velamen literae
Virtute nuntii.

Accede, nuntia,
Dic "Ave" cominus,
Dic "plena gratia,"
Dic "tecum Dominus,"
Et dic "ne timeas!"

Virgo suscipias
Dei depositum,
In quo perficias
Casta propositum
Et votum teneas.

Audit et suscipit
Puella nuntium,
Credit et concipit
Et parit filium,
Sed admirabilem.

Consiliarium
Humani generis,
Deum et hominem
Et patrem posteris,
In pace stabilem;

Qui nobis tribuat
Peccati veniam,
Reatus deleat,
Donet et patriam
In arce siderum.

XXIII.

BERNARDUS CLARAVALLENSIS.

I. DE PASSIONE DOMINI.

Salve, mundi salutare,
Salve salve, Iesu care,
Cruci tuae me aptare
Vellem vere, tu scis quare,
Da mihi tui copiam.
Ac si praesens sis, accedo,
Immo te praesentem credo;
O quam mundum hic te cerno!
Ecce! tibi me prosterno,
Sis facilis ad veniam.

Clavos pedum, plagas duras,
Et tam graves impressuras
Circumplector cum affectu,
Tuo pavens in aspectu,
Meorum memor vulnerum.
Grates tantae caritati
Nos agamus vulnerati;
O amator peccatorum,
Reparator constratorum
O dulcis pater pauperum!

Quidquid est in me confractum,
Dissipatum aut distractum,
Dulcis Iesu, totum sana,
Tu restaura, tu complana
  Tam pio medicamine.
Te in tua cruce quaero,
Prout queo, corde mero,
Me sanabis hic, ut spero,
Sana me et sanus ero
  In tuo lavans sanguine.

Plagas tuas rubicundas
Et fixuras tam profundas
Cordi meo fac inscribi,
Ut configar totus tibi
  Te modis amans omnibus.
Quisquis huc ad te accessit
Et hos pedes corde pressit
Aeger, sanus hinc abscessit,
Hic relinquens, quidquid gessit,
  Dans osculum vulneribus.

Coram cruce procumbentem,
Hosque pedes complectentem,
Iesu bone, non me spernas,
Sed de cruce sancta cernas
  Compassionis gratia.
In hac cruce stans directe
Vide me, O mi dilecte,
Ad te totum me converte;
Esto sanus, dic aperte,
  Dimitto tibi omnia.

II. AD FACIEM.

Salve, caput cruentatum,
Totum spinis coronatum,
Conquassatum, vulneratum,
Arundine sic verberatum,
  Facie sputis illita.
Salve, cuius dulcis vultus,
Immutatus et incultus,
Immutavit suum florem,
Totus versus in pallorem,
  Quem coeli tremit curia.

Omnis vigor atque viror
Hinc recessit, non admiror,
Mors apparet in aspectu,
Totus pendens in defectu,
  Attritus aegra macie.
Sic affectus, sic despectus,
Propter me sic interfectus,
Peccatori tam indigno
Cum amoris intersigno
  Appare clara facie.

In hac tua passione
Me agnosce, pastor bone,
Cuius sumpsi mel ex ore,
Haustum lactis ex dulcore
  Prae omnibus deliciis.
Non me reum asperneris,
Nec indignum dedigneris,

Morte tibi iam vicina
Tuum caput hic acclina,
  In meis pausa brachiis.

Tuae sanctae passioni
Me gauderem interponi,
In hac cruce tecum mori
Praesta crucis amatori,
  Sub cruce tua moriar.
Morti tuae iam amarae
Grates ago, Iesu care,
Qui es clemens, pie Deus,
Fac quod petit tuus reus,
  Ut absque te non finiar.

Dum me mori est necesse,
Noli mihi tunc deesse;
In tremenda mortis hora
Veni, Iesu, absque mora,
  Tuere me et libera.
Quum me iubes emigrare,
Iesu care, tunc appare;
O amator amplectende,
Temetipsum tunc ostende
  In cruce salutifera.

III. AD COR.

Summi regis cor, aveto,
Te saluto corde laeto,
Te complecti me delectat
Et hoc meum cor affectat,
  Ut ad te loquar, animes.

Quo amore vincebaris,
Quo dolore torquebaris,
Cum te totum exhaurires,
Ut te nobis impertires
  Et nos a morte tolleres?

O mors illa, quam amara,
Quam immitis, quam avara,
Quae per cellam introivit,
In qua mundi vita vivit,
  Te mordens, cor dulcissimum.
Propter mortem, quam tulisti,
Quando pro me defecisti,
Cordis mei cor dilectum,
In te meum fer affectum.
  Hoc est quod opto plurimum.

O cor dulce, praedilectum,
Munda cor meum illectum
Et in vanis induratum,
Pium fac et timoratum,
  Repulso tetro frigore.
Per medullam cordis mei
Peccatoris atque rei
Tuus amor transferatur,
Quo cor totum rapiatur
  Languens amoris vulnere.

Dilatare, aperire,
Tamquam rosa fragrans mire,
Cordi meo te coniunge,
Unge illud et compunge,
  Qui amat te quid patitur?

Quidnam agat, nescit vere,
Nec se valet cohibere,
Nullum modum dat amori,
Multa morte vellet mori,
  Amore quisquis vincitur.

Viva cordis voce clamo
Dulce cor, te namque amo,
Ad cor meum inclinare,
Ut se possit applicare
  Devoto tibi pectore.
Tuo vivat in amore,
Nec dormitet in torpore,
Ad te oret, ad te ploret,
Te adoret, te honoret,
  Te fruens omni tempore.

IV. VANITAS MUNDI.

Quum sit omnis homo foenum,
Et post foenum fiat coenum,
  Ut quid, homo, extolleris?
Cerne quid es et quid eris:
Modo flos es, et verteris
  In favillam cineris.

Per aetatum incrementa,
Immo magis detrimenta,
  Ad non-esse traheris.
Velut umbra, quum declinat,
Vita surgit et festinat,
  Claudit meta funeris.

Homo dictus es ab humo;
Cito transis, quia fumo
Similis efficeris.
Nunquam in eodem statu
Permanes, dum sub rotatu
Huius vitae volveris.

O sors gravis, o sors dura,
O lex dira, quam natura
Promulgavit miseris!
Homo nascens cum moerore
Vitam ducis cum labore
Et cum metu moreris.

Ergo si scis qualitatem
Tuae sortis, voluptatem
Carnis quare sequeris?
Memento, te moriturum
Et post mortem id messurum,
Quod hic seminaveris.

Terram teris, terram geris,
Et in terram reverteris,
Qui de terra sumeris.
Cerne quid es et quid eris:
Modo flos es, et verteris
In favillam cineris.

V. CONTEMPTIO VANITATIS MUNDI.

O miranda vanitas!
O divitiarum
Amor lamentabilis!
O virus amarum!
Cur tot viros inficis,
Faciendo carum,
Quod pertransit citius,
Quam flamma stupparum.

Homo miser, cogita:
Mors omnes compescit,
Quis est ab initio,
Qui morti non cessit?
Quando moriturus est,
Omnis homo nescit,
Hic, qui vivit hodie,
Cras forte putrescit.

Dum de morte cogito,
Constristor et ploro,
Verum est, quod moriar
Et tempus ignoro.
Ultimum, quod nescio,
Cui iungar choro;
Et cum sanctis merear
Iungi, Deum oro!

VI. DE NOMINE IESU.

Iesu dulcis memoria
Dans vera cordis gaudia,
Sed super mel et omnia
Eius dulcis praesentia.

Nil canitur suavius,
Auditur nil iucundius,
Nil cogitatur dulcius,
Quam Iesus, Dei filius.

Iesu, spes poenitentibus,
Quam pius es petentibus,
Quam bonus te quaerentibus,
Sed quid invenientibus?

Iesu, dulcedo cordium,
Fons vivus, lumen mentium,
Excedens omne gaudium,
Et omne desiderium.

Nec lingua valet dicere,
Nec litera exprimere,
Expertus potest credere,
Quid sit Iesum diligere.

Cum Maria diluculo,
Iesum quaeram in tumulo,
Cordis clamore querulo
Mente quaeram, non oculo.

Iesu, rex admirabilis
Et triumphator nobilis,
Dulcedo ineffabilis,
Totus desiderabilis.

Quando cor nostrum visitas,
Tunc lucet ei veritas,
Mundi vilescit vanitas,
Et intus fervet caritas.

Mane nobiscum, Domine,
Et nos illustra lumine,
Pulsa noctis caligine
Mundum replens dulcedine.

Hoc probat tua passio,
Hoc sanguinis effusio,
Per quam nobis redemptio
Datur Deique visio.

Qui te gustant, esuriunt,
Qui bibunt, adhuc sitiunt,
Desiderare nesciunt
Nisi Iesum, quem diligunt.

Quem tuus amor ebriat,
Novit quid Iesus sapiat;
Quam felix est quem satiat!
Non est ultra quod cupiat.

Iesu, decus angelicum,
In aure dulce canticum,
In ore mel mirificum,
In corde nectar coelicum.

Iesu quaeram in lectulo,
Clauso cordis cubiculo,
Privatim et in publico
Quaeram amore sedulo.

Quocunque loco fuero,
Mecum Iesum desidero!
Quam laetus, cum invenero,
Quam felix, cum tenuero!

Desidero te millies,
Mi Iesu, quando venies,
Me laetum quando facies
Ut vultu tuo saties?

O Iesu, mi dulcissime,
Spes suspirantis animae,
Te quaerunt piae lacrimae,
Te clamor mentis intimae.

Veni, veni, Rex optime,
Pater immensae gloriae,
Affulge menti clarius
Iam expectatus saepius.

Tu fons misericordiae,
Tu verae lumen patriae,
Pelle nubem tristitiae
Dans nobis lucem gloriae.

Dilecte mi, revertere
Consors paternae dexterae,
Hostem vicisti prospere,
Iam coeli regno fruere.

Te coeli chorus praedicat,
Et tuas laudes replicat,
Iesus orbem laetificat,
Et nos Deo pacificat.

Iesus ad patrem rediit,
Coeleste regnum subiit,
Cor meum a me transiit,
Post Iesum simul abiit.

Iesum sequamur laudibus,
Votis, hymnis et precibus,
Ut nos donet coelestibus
Secum perfrui sedibus.

Coeli cives! occurrite,
Portas vestras attollite,
Triumphatori dicite:
Iesu, salve rex inclyte!

Spe modo vivitur, et Syon angitur a Babylone;
Nunc tribulatio; tunc recreatio, sceptra, coronae;
Tunc nova gloria pectora sobria clarificabit,
Solvet enigmata, veraque sabbata continuabit.
Liber et hostibus, et dominantibus ibit Hebraeus;
Liber habebitur et celebrabitur hinc iubilaeus.
Patria luminis, inscia turbinis, inscia litis,
Cive replebitur, amplificabitur Israelitis:
Patria splendida, terraque florida, libera spinis,
Danda fidelibus est ibi civibus, hic peregrinis.
Tunc erit omnibus inspicientibus ora tonantis
Summa potentia, plena scientia, pax pia sanctis;
Pax sine crimine, pax sine turbine, pax sine rixa,
Meta laboribus, atque tumultibus anchora fixa.
Pars mea Rex meus, in proprio Deus ipse decore
Visus amabitur, atque videbitur Auctor in ore.
Tunc Iacob Israel, et Lia tunc Rachel efficietur,
Tunc Syon atria pulcraque patria perficietur.
O bona patria, lumina sobria te speculantur,
Ad tua nomina sobria lumina collacrimantur:
Est tua mentio pectoris unctio, cura doloris,
Concipientibus aethera mentibus ignis amoris.
Tu locus unicus, illeque coelicus es paridisus,
Non ibi lacrima, sed placidissima gaudia, risus.
Est ibi consita laurus, et insita cedrus hysopo;
Sunt radiantia iaspide moenia, clara pyropo:
Hinc tibi sardius, inde topazius, hinc amethystus;
Est tua fabrica concio coelica, gemmaque Christus.
Tu sine littore, tu sine tempore, fons, modo rivus,
Dulce bonis sapis, estque tibi lapis undique vivus.
Est tibi laurea, dos datur aurea, sponsa decora,
Primaque Principis oscula suscipis, inspicis ora:

Candida lilia, viva monilia sunt tibi, Sponsa,
Agnus adest tibi, Sponsus adest tibi, lux speciosa:
Tota negotia, cantica dulcia dulce tonare,
Tam mala debita, quam bona praebita coniubilare.
Urbs Syon aurea, patria lactea, cive decora,
Omne cor obruis, omnibus obstruis et cor et ora.
Nescio, nescio, quae iubilatio, lux tibi qualis,
Quam socialia gaudia, gloria quam specialis:
Laude studens ea tollere, mens mea victa fatiscit:
O bona gloria, vincor; in omnia laus tua vicit.
Sunt Syon atria coniubilantia, martyre plena,
Cive micantia, Principe stantia, luce serena:
Est ibi pascua, mitibus afflua, praestita sanctis,
Regis ibi thronus, agminis et sonus est epulantis.
Gens duce splendida, concio candida vestibus albis
Sunt sine fletibus in Syon aedibus, aedibus almis;
Sunt sine crimine, sunt sine turbine, sunt sine lite
In Syon aedibus editioribus Israelitae.
Urbs Syon inclyta, gloria debita glorificandis,
Tu bona visibus interioribus intima pandis:
Intima lumina, mentis acumina te speculantur,
Pectora flammea spe modo, postea sorte lucrantur.
Urbs Syon unica, mansio mystica, condita coelo,
Nunc tibi gaudeo, nunc mihi lugeo, tristor, anhelo:
Te quia corpore non queo, pectore saepe penetro,
Sed caro terrea, terraque carnea, mox cado retro.
Nemo retexere, nemoque promere sustinet ore,
Quo tua moenia, quo capitalia plena decore;
Opprimit omne cor ille tuus decor, O Syon, O pax,
Urbs sine tempore, nulla potest fore laus tibi mendax;
O sine luxibus, O sine luctibus, O sine lite
Splendida curia, florida patria, patria vitae!

Urbs Syon inclyta, turris et edita littore tuto,
Te peto, te colo, te flagro, te volo, canto, saluto;
Nec meritis peto, nam meritis meto morte perire,
Nec reticens tego, quod meritis ego filius irae:
Vita quidem mea, vita nimis rea, mortua vita,
Quippe reatibus exitialibus obruta, trita.
Spe tamen ambulo, praemia postulo speque fideque,
Illa perennia postulo praemia nocte dieque.
Me Pater optimus atque piissimus ille creavit;
In lue pertulit, ex lue sustulit, a lue lavit.
Gratia coelica sustinet unica totius orbis
Parcere sordibus, interioribus unctio morbis;
Diluit omnia coelica gratia, fons David undans
Omnia diluit, omnibus affluit, omnia mundans;
O pia gratia, celsa palatia cernere praesta,
Ut videam bona, festaque consona, coelica festa.
O mea, spes mea, tu Syon aurea, clarior auro,
Agmine splendida, stans duce, florida perpete lauro,
O bona patria, num tua gaudia teque videbo?
O bona patria, num tua praemia plena tenebo?
Dic mihi, flagito, verbaque reddito, dicque, Videbis:
Spem solidam gero; remne tenens ero? dic, Retinebis.
O sacer, O pius, O ter et amplius ille beatus,
Cui sua pars Deus: O miser, O reus, hac viduatus.

XXV.

PETRUS VENERABILIS.

I. IN RESURRECTIONE DOMINI.

Mortis portis fractis, fortis
Fortior vim sustulit;
Et per crucem regem trucem
Infernorum perculit.
Lumen clarum tenebrarum
Sedibus resplenduit;
Dum salvare, recreare,
Quod creavit, voluit.
Hinc Creator, ne peccator
Moreretur, moritur;
Cuius morte nova sorte
Vita nobis oritur.
Inde Sathan victus gemit,
Unde victor nos redemit;
Illud illi fit letale,
Quod est homini vitale,
Qui, dum captat, capitur,
Et, dum mactat, moritur.

Sic decenter, sic potenter
Rex devincens inferos,
Linquens ima die prima,
Rediit ad superos.
Resurrexit, et revexit
Secum Deus hominem,
Reparando quam creando
Dederat originem.
Per Auctoris passionem
Ad amissam regionem
Primus redit nunc colonus:
Unde laetus fit hic sonus.

II. IN RESURRECTIONE DOMINI.

Gaude, mortalitas,
Redit aeternitas,
Qua reparaberis;
Quidquid de funere
Soles metuere
Iam ne timueris.

Dat certitudinem
Vita per hominem
Et Deum reddita,
Quam in se pertulit
Ac tibi contulit
Morte deposita.

O nova dignitas!
Dat locum Deitas

Humano pulveri;
Nullum se praeferet
Opus vel conferet
Huic tanto operi.

Limus calcabilis,
Nunc adorabilis
Super coelestia,
Summis virtutibus
Contremiscentibus
Gubernat omnia.

Quod in principio
Pravo consilio
Perverse voluit,
Nunc per iustitiam,
Non per superbiam
Adam obtinuit.

Deus, dum tumuit,
Esse non potuit,
Quod concupierat,
Factus et humilis,
Fit Deo similis
Et coelis imperat.

Hic umbris horrida,
Hic flammis torrida
Sedes, quem habuit,
Per Dei Filium
Paternum solium
Tenere meruit.

Antiqui gemitus,
Cessate funditus,
Nox est miseriae
Iam locus penitus,
Nam tempus coelitus
Advenit gratiae.

XXVI.

ADAM DE SC. VICTORE.

I. IN NATIVITATE DOMINI.

Potestate, non natura
Fit Creator creatura,
Reportetur ut factura
  Factoris in gloria.
Praedicatus per prophetas,
Quem non capit locus, aetas,
Nostrae sortis intrat metas,
  Non relinquens propria.

Coelum terris inclinatur,
Homo-Deus adunatur,
Adunato famulatur
  Coelestis familia.
Rex sacerdos consecratur
Generalis, quod monstratur
Cum pax terris nuntiatur
  Et in altis gloria.

Causam quaeris, modum rei?
Causa prius omnes rei,
Modus iustum velle Dei,
  Sed conditum gratia.

O quam dulce condimentum,
Nobis mutans in pigmentum,
Cum aceto fel cruentum
  Degustante Messia!

O salubre sacramentum,
Quod nos ponit in iumentum,
Plagis nostris dans unguentum,
  Ille de Samaria.
Ille alter Elisaeus,
Reputatus homo reus,
Suscitavit homo-Deus
  Sunamitis puerum.

Hic est gigas currens fortis,
Qui, destructa lege mortis,
Ad amoena primae sortis
  Ovem fert in humerum.
Vivit, regnat Deus-homo,
Trahens Orco lapsum pomo;
Coelo tractus gaudet homo,
  Denum complens numerum.

II. DE RESURRECTIONE DOMINI.

  Mundi renovatio
Nova parit gaudia,
Resurgenti Domino
Conresurgunt omnia.
Elementa serviunt,
Et auctoris sentiunt
Quanta sint solemnia.

Ignis volat mobilis,
Et aer volubilis,
Fluit aqua labilis,
Terra manet stabilis,
Alta petunt levia,
Centrum tenent gravia,
Renovantur omnia.

Coelum fit serenius,
Et mare tranquillius,
Spirat aura levius,
Vallis nostra floruit;
Revirescunt arida,
Revalescunt frigida,
Quia ver intepuit.

Gelu mortis solvitur,
Princeps mundi tollitur,
Et eius destruitur
In nobis imperium;
Dum tenere voluit
In quo nihil habuit,
Ius amisit proprium.

Vita mortem superat,
Homo iam recuperat
Quod prius amiserat.
Paridisi gaudium.
Viam praebet facilem
Cherubim, versatilem
Amovendo gladium.

III. DE SPIRITU SANCTO.

Veni, Creator Spiritus,
Spiritus recreator,
Tu dans, tu datus coelitus,
Tu donum, tu donator;
Tu lex, tu digitus,
Alens et alitus,
Spirans et spiritus,
Spiratus et spirator.

Tu septiformis gratiae
Dans septiforme donum,
Virtutis septifariae,
Septem petitionum.
Tu nix non defluens,
Ignis non destruens,
Pugil non metuens,
Propinator sermonum.

Ergo accende sensibus,
Tu, te, lumen et flamen,
Tu te inspira cordibus,
Qui es vitae spiramen.
Tu sol, tu radius,
Mittens et nuncius,
Persona tertius,
Salva nos. Amen. Amen.

IV. HYMNUS IN FESTE PENTECOSTE.

Qui procedis ab utroque,
Genitore Genitoque
Pariter, Paraclite!
Redde linguas eloquentes,
Fac ferventes in te mentes
Flamma tua divite.

Amor Patris Filiique,
Par amborum, et utrique
Compar et consimilis:
Cuncta reples, cuncta foves,
Astra regis, coelum moves,
Permanens immobilis.

Lumen clarum, lumen carum,
Internarum tenebrarum
Effugas caliginem.
Per te mundi sunt mundati;
Tu peccatum et peccati
Destruis rubiginem.

Veritatem notam facis,
Et ostendis viam pacis
Et iter iustitiae;
Perversorum corda vitas,
Sed bonorum corda ditas
Munere scientiae.

Te docente nil obscurum,
Te praesente nil impurum,
Sub tua praesentia

Gloriatur mens iucunda,
Per te laeta, per te munda
Gaudet conscientia.

Quando venis, corda lenis,
Quando subis, atrae nubis
Effugit obscuritas;
Sacer ignis, pectus ignis
Non comburis, sed a curis
Purgas, quando visitas.

Mentes prius imperitas
Et sopitas et oblitas
Erudis et excitas;
Foves linguas, formas sonum,
Cor ad bonum facit pronum
A te data caritas.

O juvamen oppressorum,
O solamen miserorum,
Pauperum refugium,
Da contemptum terrenorum,
Ad amorem supernorum
Trahe desiderium.

Consolator et fundator,
Habitator et amator
Cordium humilium,
Pelle mala, terge sordes,
Et discordes fac concordes,
Et affer praesidium.

Tu, qui quondam visitasti,
Docuisti, confortasti
Timentes discipulos,
Visitare nos digneris,
Nos, si placet, consoleris,
Et credentes populos!

Par maiestas personarum,
Par potestas est earum,
Et communis Deitas.
Tu procedens a duobus,
Coaequalis es ambobus,
In nullo disparitas.

Quia tantus es et talis
Quantus Pater est et qualis,
Servorum humilitas
Deo Patri, Filioque
Redemptori, tibi quoque
Laudes reddat debitas.

V. DE SS. EVANGELISTIS.

Circa thronum maiestatis,
Cum spiritibus beatis,
Quatuor diversitatis
Astant animalia.
Formam primum aquilinam,
Et secundum leoninam,
Sed humanam et bovinam
Duo gerunt alia.

Formae formant figurarum
Formas Evangelistarum,
Quorum imber doctrinarum
  Stillat in Ecclesia;
Hi sunt Marcus et Matthaeus,
Lucas, et quem Zebedaeus
Pater tibi misit, Deus,
  Dum laxaret retia.

Formam viri dant Matthaeo,
Quia scripsit sic de Deo,
Sicut descendit ab eo,
  Quem plasmavit, homine.
Lucas bos est in figura,
Ut praemonstrat in Scriptura,
Hostiarum tangens iura
  Legis sub velamine.

Marcus, leo per desertum
Clamans, rugit in apertum,
Iter fiat Deo certum,
  Mundum cor a crimine.
Sed Iohannes, ala bina
Caritatis, aquilina
Forma fertur in divina
  Puriori lumine.

Quatuor describunt isti
Quadriformes actus Christi,
Et figurant, ut audisti,
  Quisque sua formula.

Natus homo declaratur,
Vitulus sacrificatur,
Leo mortem depraedatur,
Et ascendit aquila.

Ecce forma bestialis,
Quam scriptura prophetalis
Notat; sed materialis
Haec est impositio.
Currunt rotis, volant alis;
Inest sensus spiritalis;
Rota gressus est aequalis,
Ala contemplatio.

Paradisus his rigatur,
Viret, floret, foecundatur,
His abundat, his laetatur
Quatuor fluminibus:
Fons est Christus, hi sunt rivi,
Fons est altus, hi proclivi,
Ut saporem fontis vivi
Ministrent fidelibus.

Horum rivo debriatis
Sitis crescat caritatis,
Ut de fonte pietatis
Satiemur plenius.
Horum trahat nos doctrina
Vitiorum de sentina,
Sicque ducat ad divina
Ab imo superius.

VI. DE S. STEPHANO.

Heri mundus exultavit,
Et exultans celebravit
  Christi natalitia:
Heri chorus angelorum
Prosecutus est coelorum
  Regem cum laetitia.

Protomartyr et Levita,
Clarus fide, clarus vita,
  Clarus et miraculis,
Sub hac luce triumphavit,
Et triumphans insultavit
  Stephanus incredulis.

Fremunt ergo tanquam ferae,
Quia victi defecere
  Lucis adversarii:
Falsos testes statuunt,
Et linguas exacuunt
  Viperarum filii.

Agonista, nulli cede;
Certa certus de mercede,
  Persevera, Stephane:
Insta falsis testibus,
Confuta sermonibus
  Synagogam Satanae.

Testis tuus est in coelis,
Testis verax et fidelis,
  Testis innocentiae.

Nomen habes Coronati,
Te tormenta decet pati
  Pro corona gloriae.

Pro corona non marcenti
Perfer brevis vim tormenti,
  Te manet victoria.
Tibi fiet mors, natalis,
Tibi poena terminalis
  Dat vitae primordia.

Plenus Sancto Spiritu
Penetrat intuitu
  Stephanus coelestia.
Videns Dei gloriam
Crescit ad victoriam,
  Suspirat ad praemia.

En a dextris Dei stantem
Iesum, pro te dimicantem,
  Stephane, considera.
Tibi coelos reserari,
Tibi Christum revelari
  Clama voce libera.

Se commendat Salvatori,
Pro quo dulce ducit mori
  Sub ipsis lapidibus.
Saulus servat omnium
Vestes lapidantium,
  Lapidans in omnibus.

Ne peccatum statuatur
His, a quibus lapidatur,
Genu ponit et precatur,
  Condolens insaniae:
In Christo sic obdormivit,
Qui Christo sic obedivit,
Et cum Christo semper vivit,
  Martyrum primitiae.

VII. DE S. LAURENTIO.

Sicut chorda musicorum
Tandem sonum dat sonorum
  Plectri ministerio,
Sic in chely tormentorum
Melos Christi confessorum
  Martyris dat tensio.

Parum sapis vim sinapis,
Si non tangis, si non frangis;
Et plus fragrat, quando flagrat,
  Tus iniectum ignibus:
Sic arctatus et assatus,
Sub ardore, sub labore,
Dat odorem pleniorem
  Martyr de virtutibus.

Hunc ardorem factum foris
Putat rorem vis amoris,
  Et zelus iustitiae:

Ignis urens, non comburens,
Vincit prunas, quas adunas,
O minister impie.

VIII. IN DEDICATIONE ECCLESIAE.

Quam dilecta tabernacla
Domini et atria!
Quam electi architecti,
Tuta aedificia,
Quae non movent, immo fovent,
Ventus, flumen, pluvia!

Quam decora fundamenta,
Per concinna sacramenta
Umbrae praecurrentia.
Latus Adae dormientis
Evam fudit, in manentis
Copulae primordia.

Arca ligno fabricata
Noe servat, gubnernata
Per mundi diluvium.
Prole sera tandem foeta,
Anus Sara ridet laeta,
Nostrum lactans Gaudium.

Servus bibit qui legatur,
Et camelus adaquatur
Ex Rebeccae hydria;

Haec inaures et armillas
Aptat sibi, ut per illas
Viro fiat congrua.

Synagoga supplantatur
A Iacob, dum divagatur,
Nimis freta literae.
Lippam Liam latent multa,
Quibus videns Rachel fulta
Pari nubit foedere.

In bivio tegens nuda,
Geminos parit ex Iuda
Thamar diu vidua.
Hic Moyses a puella,
Dum se lavat, in fiscella
Reperitur scirpea.

Hic mas agnus immolatur,
Quo Israel satiatur,
Tinctus eius sanguine.
Hic transitur rubens unda,
Aegyptios sub profunda
Obruens voragine.

Hic est urna manna plena,
Hic mandata legis dena,
Sed in arca foederis;
Hic sunt aedis ornamenta,
Hic Aaron indumenta,
Quae praecedit poderis.

Hic Varias viduatur,
Barsabee sublimatur,
Sedis consors regiae:
Haec Regi varietate
Vestis astat deauratae,
Sicut regum filiae.

Huc venit Austri regina,
Salomonis quam divina
Condit sapientia;
Haec est nigra, sed formosa;
Myrrhae et turis fumosa
Virga pigmentaria.

Haec futura, quae figura
Obumbravit, reseravit
Nobis dies gratiae;
Iam in lecto cum dilecto
Quiescamus, et psallamus,
Adsunt enim nuptiae:

Quarum tonat initium
In tubis epulantium,
Et finis per psalterium.
Sponsum millena milia
Una laudant melodia,
Sine fine dicentia,
Alleluia. Amen.

XXVII.

ALANUS INSULANUS.

I. DE NATURA HOMINIS.

Omnis mundi creatura
Quasi liber et pictura
  Nobis est, et speculum;
Nostrae vitae, nostrae mortis,
Nostri status, nostrae sortis
  Fidele signaculum.

Nostrum statum pingit rosa,
Nostri status decens glosa,
  Nostrae vitae lectio,
Quae dum primo mane floret,
Defloratus flos effloret
  Vespertino senio.

Ergo spirans flos expirat,
In pallorem dum delirat,
  Oriendo moriens.
Simul vetus et novella,
Simul senex et puella,
  Rosa marcet oriens.

Sic aetatis ver humanae
Iuventutis primo mane
Reflorescit paululum.
Mane tamen hoc excludit
Vitae vesper, dum concludit
Vitale crepusculum.

Cuius decor dum perorat,
Eius decus mox deflorat
Aetas, in qua defluit.
Fit flos foenum, gemma lutum,
Homo cinis, dum tributum
Homo morti tribuit.

Cuius vita, cuius esse
Poena, labor, et necesse
Vitam morte claudere.
Sic mors vitam, risum luctus,
Umbra diem, portum fluctus,
Mane claudit vespere.

In nos primum dat insultum
Poena, mortis gerens vultum,
Labor, mortis histrio:
Nos proponit in laborem,
Nos assumit in dolorem,
Mortis est conclusio.

Ergo clausum sub hac lege
Statum tuum, homo, lege,
Tuum esse respice!

Quid fuisti nasciturus,
Quid sis praesens, quid futurus,
Diligenter inspice.

Luge poenam, culpam plange,
Motus fraena, fastum frange,
Pone supercilia.
Mentis rector et auriga
Mentem rege, fluxus riga,
Ne fluant in devia.

II. DE VITA HOMINIS.

Vita nostra plena bellis:
Inter hostes, inter arma
More belli vivitur;
Nulla lux it absque pugna,
Nulla nox it absque luctu,
Et salutis alea.

Sed timoris omnis expers,
Stabo firmus inter arma,
Nec timebo vulnera;
Non morabor hostis iras,
Non timebo publicasve,
Callidasve machinas.

Ecce! coeli lapsus arcu
Atque spissa nube tectus
Rector ipse siderum:

Contra saevos mentis hostes
Proeliantem me tuetur,
Bella pro me suscipit.

Franget arcus et sagittas,
Ignibusque sempiternis
Arma tradet hostium:
Ergo stabo sine metu,
Generose superabo
Hostium saevitiam.

III. DE NATIVITATE DOMINI.

Hic est qui, carnis intrans ergastula nostrae,
Se poenae vinxit, vinctos ut solveret; aeger
Factus, ut aegrotos sanaret; pauper, ut ipsis
Pauperibus conferret opem; defunctus, ut ipsa
Vita donaret defunctos; exsulis omen
Passus, ut exilio miseros subduceret exul.
Sic livore perit livor, sic vulnere vulnus,
Sic morbus damnat morbum, mors morte fugatur:
Sic moritur vivens, ut vivat mortuus; haeres
Exulat, ut servos haeredes reddat; egenus
Fit dives, pauperque potens, ut ditet egenos.
Sic liber servit, ut servos liberet; imum
Summa petunt, ut sic ascendant infima summum;
Ut nox splendescat, splendor tenebrescit; eclipsi
Sol verus languescit, ut astra reducat ad ortum.
Aegrotat medicus, ut sanet morbidus aegrum.
Se coelum terrae conformat, cedrus hysopo,

Ipse gigas nano, fumo lux, dives egeno,
Aegroto sanus, servo rex, purpura sacco.
Hic est, qui nostram sortem miseratus, ab aula
Aeterni Patris egrediens, fastidia nostrae
Sustinuit sortis; sine crimine, criminis in se
Defigens poenas, et nostri damna reatus.

XXVIII.

THOMAS A CELANO.

DIES IRAE.

Diēs irae, dīēs illa
Solvet saeclum in favilla,
Teste David cum Sybilla.

Quantus tremor est futurus,
Quando iudex est venturus,
Cuncta strictē discussurus!

Tuba, mirum spargens sonum
Per sepulcra regionum,
Coget omnes ante thronum.

Mōrs stupēbit, et natūra,
Quum resurget creatūra,
Iudicantī responsūra.

Liber scriptus proferetur,
In quo totum continetur,
Unde mundus iudicetur.

Iudex ergo cum sedēbit,
Quidquid latet, apparēbit,
Nil inultum remanebit.

Quid sum miser tunc dicturus,
Quem patronum rogaturus,
Cum vix iustus sit securus?

Rēx tremendae maiestātis,
Quī salvandos salvas gratis,
Salvā mē, fōns pietātis!

Recordāre, Iēsu piē,
Quod sum causa tuae viae;
Ne mē perdas illa diē!

Quaerēns mē sēdistī lassus,
Redemistī crucem passus:
Tantus labor non sit cassus!

Iuste iudex ultiōnis,
Donum fac remissiōnis
Ante diem ratiōnis!

Ingemiscō tanquam reus,
Culpa rubet vultus mēus:
Supplicantī parce, Deus!

Qui Mariam absolvisti,
Et latronem exaudisti,
Mihi quoque spem dēdistī.

Precēs meae non sunt digna
Sed tu bonus fac benignē
Ne perenni cremer igne.

Inter ovēs locum praesta,
Et ab haedis mē sequestra,
Statuens in parte dextra.

Confutatis maledictīs,
Flammīs acribus addictīs,
Vocā me cum benedictis!

Oro supplex et acclinis,
Cor contritum quasi cinis,
Gere curam mei finis!

Lacrymosa dies illa,
Qua resurget ex favilla
Iudicandus homo reus:
Huic ergo parce, Deus!

Iēsu, piē domine,
Dona eos requie!
Amen.

XXIX.

BONAVENTURA.

I. DE SANCTA CRUCE.

Recordare sanctae crucis,
Qui perfectam viam ducis
  Delectare iugiter.
Sanctae crucis recordare,
Et in ipsa meditare
  Insatiabiliter.

Quum quiescas aut laboras,
Quando rides, quando ploras,
  Doles sive gaudeas;
Quando vadis, quando venis,
In solatiis, in poenis
  Crucem corde teneas.

Crux in omnibus pressuris,
Et in gravibus et duris
  Est totum remedium.
Crux in poenis et tormentis
Est dulcedo piae mentis,
  Et verum refugium.

Crux est porta paradisi,
In qua sancti sunt confisi,
Qui vicerunt omnia.
Crux est mundi medicina,
Per quam bonitas divina
Facit mirabilia.

Crux est salus animarum,
Verum lumen et praeclarum,
Et dulcedo cordium.
Crux est vita beatorum,
Et thesaurus perfectorum,
Et decor et gaudium.

Crux est speculum virtutis,
Gloriosae dux salutis,
Cuncta spes fidelium.
Crux est decus salvandorum,
Et solatium eorum
Atque desiderium.

Crux est arbor decorata,
Christi sanguine sacrata,
Cunctis plena fructibus,
Quibus animae eruuntur,
Cum supernis nutriuntur
Cibis in coelestibus.

Crucifixe! fac me fortem,
Ut libenter tuam mortem
Plangam, donec vixero.

Tecum volo vulnerari,
Te libenter amplexari
In cruce desidero.

II. HORAE DE PASSIONE IESU CHRISTI.

AD PRIMAM.

Tu qui velatus facie
Fuisti sol iustitiae,
Flexis illusus genibus,
Caesus quoque verberibus:

Te petimus attentius,
Ut sis nobis propitius,
Ut per tuam clementiam
Perducas nos ad gloriam.

AD TERTIAM.

Hora qui ductus tertia
Fuisti ad supplicia,
Christe, ferendo humeris
Crucem pro nobis miseris:

Fac nos sic te diligere
Sanctamque vitam ducere,
Ut mereamur requie
Frui coelestis patriae.

AD SEXTAM.

Crucem pro nobis subiit
Et stans in illa sitiit

Iesus sacratis manibus
Clavis fossus et pedibus:

Honor et benedictio
Sit crucifixo Domino,
Qui suo nos supplicio
Redemit ab exitio.

AD NONAM.

Beata Christi passio
Sit nostra liberatio,
Ut per hanc nobis gaudia
Parata sint coelestia.

Gloria Christo domino,
Qui pendens in patibulo
Clamans emisit spiritum
Mundumque salvans perditum.

AD COMPLETORIUM.

Qui iacuisti mortuus
In pace rex innocuus,
Fac nos in te quiescere
Semperque laudes canere.

Succurre nobis, Domine,
Quos redemisti sanguine,
Et duc nos ad suavia
Aeternae pacis gaudia.

III. HYMNUS DE PASSIONE DOMINI.

Christum ducem,
Qui per crucem
Redemit nos ab hostibus,
Laudet coetus
Noster laetus,
Exultet coelum laudibus.

Poena fortis
Tuae mortis
Et sanguinis effusio,
Corda terant,
Ut te quaerant,
Iesu, nostra redemptio.

Per felices
Cicatrices,
Sputa, flagella, verbera,
Nobis grata
Sunt collata
Aeterna Christi munera.

Nostrum tangat
Cor, ut plangat
Tuorum sanguis vulnerum.
In quo toti
Simus loti,
Conditor alme siderum.

Passionis
Tuae donis
Salvator, nos inebria,
Qua fidelis
Dare velis
Aeterna nobis gaudia!

IV. DE PASSIONE DOMINI.

Quantum hamum caritas tibi praesentavit,
Mori cum pro homine te solicitavit;
Sed et esca placida hamum occupavit,
Cum lucrari animas te per hoc monstravit.

Te quidem aculeus hami non latebat,
Sed illius punctio te non deterrebat,
Immo hunc impetere tibi complacebat,
Quia desiderium escae attrahebat.

Ergo pro me misero, quem tu dilexisti,
Mortis in aculeum sciens impegisti,
Cum te Patri victimam sanctam obtulisti,
Et in tuo sanguine sordidum lavisti.

Heu! cur beneficia Christi passionis
Penes te memoriter, homo, non reponis?
Per hanc enim rupti sunt laquei praedonis,
Per hanc Christus maximis te ditavit bonis.

Suo quippe corpore languidum te pavit,
Quem in suo sanguine gratis balneavit,
Demum suum dulce cor tibi denudavit,
Ut sic innotesceret quantum te amavit.

Oh! quam dulce balneum, esca quam suavis,
Quae sumenti digne fit paradisi clavis;
Est ei quem reficis nullus labor gravis,
Licet sis fastidio cordibus ignavis.

Cor ignavi siquidem minime perpendit
Ad quid Christus optimum suum cor ostendit
Super alas positum crucis, nec attendit
Quod reclinatorii vices hoc praetendit.

Hoc reclinatorium quoties monstratur
Piae menti, toties ei glutinatur,
Sicut et accipiter totus inescatur
Super carnem rubeam, per quam revocatur.

XXX.

THOMAS AQUINAS.

I. AD SACRAM EUCHARISTIAM.

Adoro te devote, latens Deitas,
Quae sub his figuris vere latitas.
Tibi se cor meum totum subiicit,
Quia te contemplans totum deficit.

Visus, tactus, gustus, in te fallitur,
Sed auditu solo tute creditur:
Credo quidquid dixit Dei filius;
Nihil veritatis verbo verius.

In cruce latebat sola Deitas,
At hic latet simul et humanitas,
Ambo tamen credens atque confitens,
Peto quod petivit latro poenitens.

Plagas sicut Thomas non intueor,
Deum tamen meum te confiteor,
Fac me tibi semper magis credere,
In te spem habere, te diligere.

O memoriale mortis Domini,
Panis verus, vitam praestans homini,
Praesta meae menti de te vivere,
Et te illi semper dulce sapere.

Pie pelicane, Iesu Domine,
Me immundum munda tuo sanguine,
Cuius una stilla salvum facere
Totum mundum quit ab omni scelere.

Iesu, quem velatum nunc aspicio,
Quando fiet illud quod tam sitio,
Ut te revelata cernens facie
Visu sim beatus tuae gloriae.

II. IN FESTO CORPORIS CHRISTI.

Lauda, Sion, Salvatorem,
Lauda ducem et pastorem
In hymnis et canticis:
Quantum potes, tantum aude,
Quia maior omni laude,
Nec laudare sufficis.

Laudis thema specialis,
Panis vivus et vitalis
Hodie proponitur;
Quem in sacrae mensa coenae
Turbae fratrum duodenae
Datum non ambigitur.

Sit laus plena, sit sonora,
Sit iucunda, sit decora
  Mentis iubilatio:
Namque dies est solennis
Qua recolitur perennis
  Mensae institutio.

In hac mensa novi Regis
Novum pascha novae legis
  Phase vetus terminat:
Iam vetustas novitati,
Umbra cedit veritati,
  Noctem lux eliminat.

Quod in coena Christus gessit,
Faciendum hoc expressit
  In sui memoriam:
Docti sacris institutis,
Panem, vinum in salutis
  Consecramus hostiam.

Dogma datur Christianis,
Quod in carnem transit panis,
  Et vinum in sanguinem:
Quod non capis, quod non vides,
Animosa firmat fides,
  Praeter rerum ordinem.

Sub diversis speciebus,
Signis tamen et non rebus,
  Latent res eximiae:

Caro cibus, sanguis potus,
Manet tamen Christus totus
  Sub utraque specie.

A sumente non concisus,
Non confractus, non divisus,
  Integer accipitur:
Sumit unus, sumunt mille,
Quantum isti, tantum ille,
  Nec sumptus consumitur.

Sumunt boni, sumunt mali,
Sorte tamen inaequali
  Vitae, vel interitus:
Mors est malis, vita bonis:
Vide, paris sumptionis
  Quam sit dispar exitus!

Fracto demum Sacramento
Ne vacilles, sed memento:
Tantum esse sub fragmento,
  Quantum toto tegitur;
Nulla rei fit scissura,
Signi tantum fit fractura,
Qua nec status, nec statura
  Signati minuitur.

Ecce! panis angelorum!
Factus cibus viatorum!
Vere panis filiorum,
  Non mittendus canibus!

In figuris praesignatur,
Cum Isaac immolatur,
Agnus paschae deputatur,
  Datur manna patribus.

Bone pastor, panis vere,
Iesu, nostri misere,
Tu nos pasce, nos tuere,
Tu nos bona fac videre
  In terra viventium.
Tu qui cuncta scis et vales,
Qui nos pascis hic mortales,
Tuos ibi commensales,
Cohaeredes et sodales
  Fac sanctorum civium.

III. IN FESTO CORPORIS CHRISTI, AD VESPERAS.

Pange, lingua, gloriosi
  Corporis mysterium,
Sanguinisque pretiosi,
  Quem in mundi pretium
Fructus ventris generosi
  Rex effudit gentium.

Nobis datus, nobis natus,
  Ex intacta virgine,
Et in mundo conversatus,
  Sparso verbi semine,
Sui moras incolatus
  Miro clausit ordine.

In supremae nocte coenae,
  Recumbens cum fratribus,
Observata lege plene
  Cibis in legalibus:
Cibum turbae duodenae
  Se dat suis manibus.

Verbum caro, panem verum
  Verbo carnem efficit,
Fitque sanguis Christi merum,
  Etsi sensus deficit:
Ad firmandum cor sincerum
  Sola fides sufficit.

Tantum ergo Sacramentum
  Veneremur cernui:
Et antiquum documentum
  Novo cedat ritui:
Praestet fides supplementum
  Sensuum defectui!

Genitori, Genitoque
  Laus et iubilatio!
Salus, honor, virtus quoque
  Sit et benedictio!
Procedenti ab utroque
  Compar sit laudatio!

IV. DE CORPORE CHRISTI.

O esca viatorum!
O panis angelorum!
O manna coelitum!
Esurientes ciba,
Dulcedine non priva
Corda quaerentium.

O lympha, fons amoris!
Qui puro Salvatoris
E corde profluis:
Te sitientes pota!
Haec sola nostra vota,
His una sufficis!

O Iesu, tuum vultum,
Quem colimus occultum
Sub panis specie:
Fac, ut, remoto velo,
Aperta nos in coelo
Cernamus acie!

XXXI.

IACOPONUS.

I. SEQUENTIA DE PASSIONE B. VIRGINIS.

Stabat mater dolorosa
Iuxta crucem lacrymósa,
  Dum pendebat filius,
Cuius animam gementem,
Contristantem et dolentem
  Pertransivit gladius.

O quam tristis et afflicta
Fuit illa benedicta
  Mater unigeniti,
Quae moerebat et dolebat
Et tremebat, dum videbat
  Nati poenas inclyti.

Quis est homo, qui non fleret,
Matrem Christi si videret,
  In tanto supplicio?
Quis non posset contristari,
Piam matrem contemplari
  Dolentem cum filio!

Pro peccatis suae gentis
Vidit Iesum in tormentis
  Et flagellis subditum;
Vidit suum dulcem natum
Morientem, desolatum,
  Dum emisit spiritum.

Eia mater, fons amoris!
Me sentire vim doloris
  Fac, ut tecum lugeam;
Fac, ut ardeat cor meum
In amando Christum Deum,
  Ut sibi complaceam.

Sancta mater, istud agas,
Crucifixi fige plagas
  Cordi meo valide;
Tui nati vulnerati,
Tam dignati pro me pati,
  Poenas mecum divide.

Fac me vere tecum flere,
Crucifixo condolere,
  Donec ego vixero;
Iuxta crucem tecum stare,
Te libenter sociare
  In planctu desidero.

Virgo virginum praeclara,
Mihi iam non sis amara,
  Fac me tecum plangere;

Fac, ut portem Christi mortem,
Passionis fac consortem
Et plagas recolere.

Fac me plagis vulnerari,
Cruce hac inebriari,
Et cruore filii;
Inflammatus et accensus,
Per te, virgo, sim defensus
In die iudicii.

Fac me cruce custodiri,
Morte Christi praemuniri,
Confoveri gratia.
Quando corpus morietur,
Fac, ut animae donetur
Paradisi gloria.

II. PARAPHRASIS SEQUENTIAE ANTECEDENTIS.

Stabat mater speciosa
Iuxta foenum gaudiosa,
Dum iacebat parvulus;
Cuius animam gaudentem,
Laetabundam et ferventem
Pertransivit iubilus.

O quam laeta et beata
Fuit illa immaculata
Mater unigeniti.

Quae gaudebat et ridebat,
Exultabat, cum videbat
Nati partum inclyti.

Quisquam est, qui non gauderet,
Christi matrem si videret
In tanto solatio?
Quis non possit collaetari,
Christi matrem contemplari
Ludentem cum filio?

Pro peccatis suae gentis
Christum vidit cum iumentis
Et algori subditum;
Vidit suum dulcem natum
Vagientem, adoratum
Vili diversorio.

Nato Christo in praesepe
Coeli cives canunt laete
Cum immenso gaudio;
Stabat senex cum puella
Non cum verbo nec loquela
Stupescentes cordibus.

Eia, mater, fons amoris,
Me sentire vim ardoris
Fac, ut tecum sentiam;
Fac, ut ardeat cor meum
In amatum Christum Deum,
Ut sibi complaceam.

Sancta mater, istud agas,
Prone introducas plagas
  Cordi fixas valide;
Tui nati coelo lapsi,
Iam dignati foeno nasci,
  Poenas mecum divide.

Fac me vere congaudere,
Iesulino cohaerere,
  Donec ego vixero;
In me sistat ardor tui,
Puerino fac me frui,
  Dum sum in exilio.

Virgo virginum praeclara,
Mihi iam non sis amara,
  Fac me parvum rapere;
Fac, ut pulchrum infantem portem,
Qui nascendo vicit mortem,
  Volens vitam tradere.

Fac me tecum satiari,
Nato me inebriari,
  Stantem in tripudio;
Inflammatus et accensus
Obstupescit omnis sensus
  Tali me commercio.

Fac me nato custodiri,
Verbo Dei praemuniri,
  Conservari gratia;

Quando corpus morietur
Fac, ut animae donetur
Tui nati gloria!

III. MUNDI VANITAS.

Cur mundus militat sub vana gloria,
Cuius prosperitas est transitoria?
Tam cito labitur eius potentia,
Quam vasa figuli, quae sunt fragilia.

Plus crede litteris scriptis in glacie,
Quam mundi fragilis vanae fallaciae,
Fallax in praemiis, virtutis specie,
Qui nunquam habuit tempus fiduciae.

Credendum magis est vitris fallacibus,
Quam mundi miseris prosperitatibus,
Falsis insaniis et vanitatibus,
Falsisque studiis et voluptatibus.

Dic, ubi Salomon, olim tam nobilis,
Vel ubi Samson est, dux invincibilis,
Vel pulcher Absalon, vultu mirabilis,
Vel dulcis Ionathan, multum amabilis?

Quo Caesar abiit, celsus imperio,
Vel Dives splendidus, totus in prandio?
Dic, ubi Tullius, clarus eloquio,
Vel Aristoteles, summus ingenio?

Tot clari proceres, tot rerum spatia,
Tot ora praesulum, tot regna fortia,
Tot mundi principes, tanta potentia,
In ictu oculi claudentur omnia!

Quam breve festum est haec mundi gloria,
Et umbra hominis sunt eius gaudia!
Quae semper subtrahunt aeterna praemia,
Et ducunt hominem ad dura devia.

O esca vermium, O massa pulveris,
O ros, O vanitas, cur sic extolleris?
Ignorans penitus, utrum cras vixeris,
Fac bonum omnibus, quamdiu poteris!

Haec carnis gloria, quae tanti penditur,
Sacris in litteris flos foeni dicitur.
Ut leve folium, quod vento rapitur,
Sic vita hominis luci subtrahitur.

Nil tuum dixeris quod potes perdere,
Quod mundus tribuit, intendit rapere:
Superna cogita, cor sit in aethere,
Felix, qui potuit mundum contemnere.

XXXII.

THOMAS A KEMPIS.

I. DE PATIENTIA.

Adversa mundi tolera,
  Pro Christi nomine,
Plus nocent saepe prospera
  Cum levi flamine!

Quum a malis molestaris
Nihil perdis, sed lucraris,
Patiendo promereris,
Multa bona consequeris!

Nam Deum honorificas
Et angelos laetificas,
Coronam tuam duplicas,
Et proximos aedificas!

Labor parvus est
  Et brevis vitâ,
Merces grandis est,
  Quies infinita.

Toties martyr Dei
  Efficeris,
Quoties pro Deo
  Poenam patieris.

Patiendo fit homo melior
Auro pulchrior,
Vitro clarior,
Laude dignior,
Gradu altior,
A vitiis purgatior,
Virtutibus perfectior,
Iesu Christo acceptior,
Sanctis quoque similior,
Hostibus suis fortior,
Amicis amabilior.

In Domino semper spera,
Age recta, profer vera,
  Coram Deo te humilia,
Et gratiam invenies;
  Ama pauca et simplicia,
Et pacem bonam reperies!

II. DE GAUDIIS COELESTIBUS.

Astant angelorum chori,
Laudes cantant creatori;
Regem cernunt in decore,
Amant corde, laudant ore,

Tympanizant, citharizant,
Volant alis, stant in scalis,
Sonant nolis, fulgent stolis
Coram summa Trinitate,
Clamant: Sanctus, Sanctus, Sanctus;
Fugit dolor, cessat planctus
In superna civitate.
Concors vox est omnium,
Deum collaudantium;
Fervet amor mentium,
Clare contuentium
Beatam Trinitatem in una Deitate;
Quam adorant Seraphim
Ferventi in amore,
Venerantur Cherubim
Ingenti sub honore;
Mirantur nimis throni de tanta maiestate.

O quam praeclara regio,
Et quam decora legio
Ex angelis et hominibus!
O gloriosa civitas,
In qua summa tranquillitas,
Lux et pax in cunctis finibus!
Cives huius civitatis
Veste nitent castitatis,
Legem tenent caritatis,
Firmum pactum unitatis.
Non laborant, nil ignorant;
Non tentantur, nec vexantur;
Semper sani, semper laeti,
Cunctis bonis sunt repleti.

XXXIII.

IOHANNES MAUBURNUS.

I. DE NATIVITATE DOMINI.

Heu, quid iaces stabulo
  Omnium creator,
Vagiens cunabulo,
  Mundi reparator?
Si rex, ubi purpura?
Vel clientum murmura?
  Ubi aula regis?
Hic omnis penuria,
Paupertatis curia,
  Forma novae legis.

"Istuc amor generis
  Me traxit humani,
Quod se noxa sceleris
  Occidit profani.
His meis inopiis
Gratiarum copiis
  Te pergo ditare,
Hocce natalitio
Vero sacrificio
  Te volens beare."

O, te laudum millibus
  Laudo, laudo, laudo,
Tantis mirabilibus
  Plaudo, plaudo, plaudo!
Gloria, sit gloria,
Amanti memoria
  Domino in altis!
Cui testimonia
Dantur et praeconia
  Coelicis a psaltis!

XXXIV.

AUCTORES INCERTI.

I. DE NATIVITATE DOMINI.

Puer natus in Bethlehem,
Unde gaudet Ierusalem.

Hic iacet in praesepio,
Qui regnat sine termino.

Cognovit bos et asinus
Quod puer erat Dominus.

Reges de Saba veniunt,
Aurum, thus, myrrham offerunt.

Intrantes domum invicem
Novum salutant Principem.

De matre natus virgine
Sine virili semine;

Sine serpentis vulnere
De nostro venit sanguine;

In carne nobis similis,
Peccato sed dissimilis;

Ut redderet nos homines
Deo et sibi similes.

In hoc natali gaudio
Benedicamus Domino.

Laudetur sancta Trinitas
Deo dicamus gratias.

II. DE RESURRECTIONE DOMINI.

Surrexit Christus hodie
Humano pro solamine,

Mortem qui passus pridie
Miserrimo pro homine.

Mulieres ad tumulum
Dona ferunt aromatum,

Quaerentes Iesum dominum
Qui est salvator hominum,

Album cernentes angelum
Annunciantem gaudium:

Mulieres O tremulae,
In Galilaeam pergite,

Discipulis hoc dicite,
Quod surrexit rex gloriae.

Petro dehinc et caeteris
Apparuit apostolis.

In hoc pascali gaudio
Benedicamus. Domino.

Gloria tibi, Domine,
Qui surrexisti e morte.

Laudetur sancta Trinitas
Deo dicamus gratias.

III. DE APOSTOLIS.

Qui sunt isti,
Qui volant ut nubes per aera?
Portant Christi
Per Sanctum Spiritum mysteria?

Hi sunt terrae principes
Et electi lapides,
Quorum sonus
Exauditus est per terrae climata.
Petrus Antiochiam,
Paulus Alexandriam
Et Andreas
Convertit ad Dominum Achaïam.

Iohannes in dolio
Ex ferventi oleo
Senatum devicerat.
Philippus Azoticum
Destinavit populum
Ad matrem ecclesiam.

Adhuc sunt in numero
Iacobus cum Iacobo,
Simon Cananaeus
Et Iudas Thaddaeus.
Vocatus a Domine
Sedens in telonio
Sequitur Matthaeus
Et Bartholomaeus.

Thomas non postponitur,
Matthiasque tollitur
Vocatus a Domino
Sorte apostolica.
Ergo vos apostoli
Et amici Domini
Nostrorum absolvite
Peccatorum vincula
Iuvando per saecula.

IV. MEDITATIONES.

Desere iam, anima, lectulum soporis,
Languor, torpor, vanitas excludatur foris,
Intus cor efferveat facibus amoris,
Recolens mirifica gesta Salvatoris.

Mens, affectus, ratio, simul convenite,
Occupari frivolis ultra iam nolite;
Discursus, vagatio, cum curis abite,
Dum pertractat animus sacramenta vitae.

Iesu mi dulcissime, domine coelorum,
Conditor omnipotens, rex universorum,
Quis iam actus sufficit mirari gestorum,
Quae te ferre compulit salus miserorum?

Te de coelis caritas traxit animarum,
Pro quibus palatium desereus praeclarum,
Miseram ingrediens vallem lacrymarum,
Opus durum suscipis, et iter amarum.

Tristatur laetitia, salus infirmatur,
Panis vivus esurit, virtus sustentatur;
Sitit fons perpetuus, quo coelum potatur;
Et ista quis intuens mira, non miratur?

Oh mira dignatio pii Salvatoris,
Oh vere mirifica pietas amoris;
Expers culpae nosceris, Iesu, flos decoris,
Ego tui, proh dolor! causa sum doloris.

Ego heu! superbio, tu humiliaris;
Ego culpas perpetro, tu poena mulctaris;
Ego fruor dulcibus, tu felle potaris;
Ego peto mollia, tu dure tractaris.

V. DE NATIVITATE DOMINI.

O ter foecundas,
O ter iucundas
Beatae noctis delicias,
Quae suspiratas,
E coelo datas
In terris paris delicias.

Gravem primaevae
Ob lapsum Evae
Dum iamiam mundus emoritur,
In carne meus,
Ut vivat, Deus,
Sol vitae, mundo suboritur.

Aeternum lumen,
Immensum numen
Pannorum vinculis stringitur;
In vili caula,
Exclusus aula,
Rex coeli bestiis cingitur.

In cunis iacet,
Et infans tacet
Verbum, quod loquitur omnia;
Sol mundi friget
Et flamma riget:
Quid sibi volunt haec omnia?

Quod in spelaeum
Depressit Deum?
O hoc amoris telum est!

Astra, valete,
Antra, salvete,
Iam mihi stabulum coelum est!

VI. IESUS ET MATER.

Parvum quando cerno Deum
Matris inter brachia,
Colliquescit pectus meum
Inter mille gaudia.

Gestit puer, gestit, videns
Tua, mater, ubera:
Puer ille, dum subridens
Mille figit oscula.

Qualis puro in lucenti
Sol renitet aethere,
Talis puer in lactanti
Matris haeret ubere.

Talis mater speciosa
Pulchra est cum filio,
Qualis est cum molli rosa
Viola cum lilio

Inter sese tot amores,
Tot alternant spicula,
Quot in pratis fulgent flores,
Quot in coelo sidera.

O si una ex sagittis,
  Dulcis o puerule,
Quas in matris pectus mittis,
  In me cadat, Iesule!

VII. SUSPIRIUM AMORIS.

O Deus, ego amo te,
Nec amo te, ut salves me,
Aut quia non amantes te
Aeterno punis igne.

Tu, tu, mi Iesu, totum me
Amplexus es in cruce,
Tulisti clavos, lanceam,
Multamque ignominiam,

Innumeros dolores,
Sudores et angores,
Ac mortem, et haec propter me,
Ah, pro me peccatore!

Cur igitur non amem te,
O Iesu amantissime,
Non, ut in coelo salves me,
Aut ne aeternum damnes me;

Nec praemii ullius spe,
Sed sicut tu amasti me?
Sic amo et amabo te
Solum quia rex meus es.

VIII. DE PASSIONE DOMINI.

Ecquis binas columbinas
  Alas dabit animae?
Ut ad almam crucis palmam
  Evolet citissime,
In qua Iesus totus laesus,
Orbis desiderium,
  Et immensus est suspensus,
Factus improperium!

O cor, scande; Iesu, pande
  Caritatis viscera,
Et profunde me reconde
  Intra sacra vulnera;
In superna me caverna
  Colloca maceriae;
Hic viventi, quiescenti
  Finis est miseriae!

O mi Deus, amor meus!
  Tune pro me pateris?
Proque indigno, crucis ligno,
  Iesu mi, suffigeris?
Pro latrone, Iesu bone,
  Tu in crucem tolleris?
Pro peccatis meis gratis,
  Vita mea, moreris?

Non sum tanti, Iesu, quanti
  Amor tuus aestimat;
Heu! cur ego vitam dego,
  Si cor te non redamat?

Benedictus sit invictus
  Amor vincens omnia;
Amor fortis, tela mortis
  Reputans ut somnia.

Iste fecit, et refecit
  Amor, Iesu, perditum;
O insignis, Amor, ignis,
  Cor accende frigidum!
O fac vere cor ardere,
  Fac me te diligere,
Da coniungi, da defungi
  Tecum, Iesu, et vivere.

IX. IN RESURRECTIONE DOMINI.

Pone luctum, Magdalena!
  Et serena lacrymas:
Non est iam Simonis coena,
  Non, cur fletum exprimas:
Causae mille sunt laetandi,
Causae mille exultandi:
  Halleluia!

Sume risum, Magdalena!
  Frons nitescat lucida;
Demigravit omnis poena,
  Lux coruscat fulgida:
Christus mundum liberavit,
Et de morte triumphavit!
  Halleluia!

Gaude, plaude, Magdalena!
  Tumba Christus exiit!
Tristis est peracta scena,
  Victor mortis rediit;
Quem deflebas morientem,
Nunc arride resurgentem!
            Halleluia!

Tolle vultum, Magdalena!
  Redivivum aspice:
Vide, frons quam sit amoena,
  Quinque plagas inspice:
Fulgent, sic ut margaritae,
Ornamenta novae vitae.
            Halleluia!

Vive, vive, Magdalena!
  Tua lux reversa est,
Gaudiis turgescat vena,
  Mortis vis abstersa est;
Moesti procul sunt dolores,
Laeti redeant amores!
            Halleluia!

X. PHOENIX EXSPIRANS.

Tandem audite me,
Sionis filiae!
Aegram respicite,
Dilecto dicite:

I

Amore vulneror,
Amore funeror.

Fulcite floribus
Fessam languoribus:
Stipate citreis
Et malis aureis:
Nimis edacibus
Liquesco facibus.

Huc odoriferos,
Huc soporiferos
Ramos depromite:
Rogos componite:
Ut phoenix moriar,
In flammis oriar!

An amor dolor sit,
An dolor amor sit,
Utrumque nescio!
Hoc unum sentio:
Iucundus dolor est,
Si dolor amor est.

Quid, amor, crucias?
Aufer inducias!
Suavis tyrannus es:
Momentum annus est:
Tam tarda funera
Tua sunt vulnera!

Iam vitae stamina
Rumpe, O anima!

Ignis ascendere
Gestit, et tendere
Ad coeli atria:
Haec mea patria!

XI. DE CRUCE.

Crux ave benedicta,
Per te mors est devicta,
In te dependit Deus,
Rex et Salvator meus.

Tu arborum regina,
Salutis medicina,
Pressorum es levamen,
Et tristium solamen.

O sacrosanctum lignum,
Tu vitae nostrae signum,
Tulisti fructum Iesum,
Humani cordis esum.

Dum crucis inimicos
Vocabis et amicos,
O Iesu, fili Dei,
Sis, oro, memor mei!

XII. DE RESURRECTIONE.

Plaudite coeli,
Rideat aether,
Summus et imus
Gaudeat orbis!
Transivit atrae
Turba procellae:
Subiit almae
Gloria palmae!

Surgite verni,
Surgite flores,
Germina pictis
Surgite campis,
Teneris mixtae
Violis rosae,
Candida sparsis
Lilia calthis!

Currite plenis
Carmina venis!
Fundite laetum,
Barbytha, metrum:
Namque revixit,
Sicuti dixit,
Pius illaesus
Funere Iesus!

Plaudite montes,
Ludite fontes;

Resonent valles,
Repetunt colles:
"Io revixit,
Sicuti dixit,
Pius illaesus
Funere Iesus."

XIII. DE S. IOANNE EVANGELISTA.

Verbum Dei, Deo natum,
Quod nec factum, nec creatum,
  Venit de coelestibus,
Hoc vidit, hoc attrectavit,
Hoc de coelo reseravit
  Ioannes hominibus.

Inter illos primitivos
Veros veri fontis rivos
  Ioannes exsiliit;
Toti mundo propinare
Nectar illud salutare,
  Quod de throno prodiit.

Coelum transit, veri rotam
Solis vidit, ibi totam
  Mentis figens aciem;
Speculator spiritalis
Quasi Seraphim sub alis
  Dei vidit faciem.

Audiit in gyro sedis
Quid psallant cum citharoedis
  Quater seni proceres:
De sigillo Trinitatis
Nostrae nummo civitatis
  Impressit characteres.

Volat avis sine meta
Quo nec vates nec propheta
  Evolavit altius:
Tam implenda, quam impleta,
Nunquam vidit tot secreta
  Purus homo purius.

Sponsus rubra veste tectus,
Visus, sed non intellectus,
  Redit ad palatium:
Aquilam Ezechielis
Sponsae misit, quae de coelis
  Referret mysterium.

Dic, dilecte, de Dilecto,
Qualis adsit, et de lecto
  Sponsi sponsae nuncia:
Dic quis cibus angelorum,
Quae sint festa superorum
  De sponsi praesentia.

Veri panem intellectus,
Coenam Christi super pectus
  Christi sumptam resera:

Ut cantemus de Patrono,
Coram Agno, coram throno,
Laudes super aethera.

XIV. DE INCARNATIONE DOMINI.

Arte mira, miro consilio
Quaerens ovem suam summus opilio,
Ut nos revocaret ab exilio
Locutus est nobis in filio;

Qui nostrae sortis unicam
Sine sorde tunicam
Pugnaturus induit,
Quam puellae texuit
Thalamo Paraclitus.

XV. DE PASSIONE.

Dulcis Iesu, spes pauperis,
Qui semper ades miseris,
Ad te miser confugio,
Quem tota mente sitio,
Ad te Deum, quem diligo,
Vocem gementem dirigo,
Te vox requiret flebilis,
Te mens adoret humilis.

Dulcis Iesu, nil dulcius,
Nil est vere iocundius,

Quam frequenter revolvere,
Poenas tuas recurrere.
Mortis tuae memoria
Pigmenta vincit omnia,
Myrrham et thus, cinnamonum,
Nardum, crocum et balsamum.

Dulcis Iesu, quid feceras?
Nunquam crucem merueras,
Quod tu luis, nos fecimus,
Quod tu bibis, nos meruimus:
Nos ex Adam propagine,
Tu te pudica virgine,
Ortu reatum traximus,
Ortu manes purissimus.

Dulcis Iesu, quod pateris,
Totum fuit pro miseris,
Quos in tyranni carcere
Poenas videbas luere,
Te non poenae necessitas,
Sed gratiarum largitas
Fecit pati patibulum,
Gustare mortis poculum.

Dulcis Iesu, me respice,
Votum rei non despice,
Qui totus es poenis datus.
Clavis manus, plaga latus
Foedis sputis est illitum,
Spinis caput est obsitum,
Vultus dulcis conspuitur,
Collum colaphis caeditur.

Dulcis Iesu, doctor pie,
Sanctus liquor, ros gratiae
Fluxit de tuo latere,
Fluxit de tuo vulnere,
Remissionis pretium,
Salvationis praemium
Fluxit de tuis manibus,
Fluxit de tuis pedibus.

Dulcis Iesu, qui proditus,
Qui tractus es, qui venditus,
Qui per zelus gentis trucis
Es affixus ligno crucis:
Qui vulneratus cuspide,
Qui clausus es sub lapide,
Qui victor adis aethera,
Salvare nos accelera.

Dulcis Iesu, parcens reo,
Infer iubar cordi meo,
Qui me cruore roseo
Lotum redemisti Deo,
Virtus Patri, laus Genito,
Sancto decus Paraclito,
Sit solis tribus gloria
Per secla metae nescia.

XVI. IN ASCENSIONE DOMINI.

Coelos ascendit hodie
Iesus Christus, rex gloriae.

Sedet ad Patris dexteram,
Gubernat coelum et terram.

Iam finem habent omnia
Patris Davidis carmina.

Iam Dominus cum Domino
Sedet in Dei solio.

Ascensionis Domino
Benedicamus Domino.

Laudetur Sancta Trinitas,
Deo dicamus gratias.

XVII. IN SEPTUAGESIMA.

Alleluia piis edite laudibus,
Cives aetherei, psallite suaviter
    Alleluia perenne.

Hinc vos perpetui luminis accolas
Assumet resonans hymniferis choris
    Alleluia perenne.

Vos urbs eximia suscipiet Dei,
Quae laetis resonans cantibus excitat
    Alleluia perenne.

Felici reditu gaudia sumite,
Reddentes Domino glorificum melos
    Alleluia perenne.

Almum sidereae iam patriae decus
Victores capitis, quo canor est iugis
Alleluia perenne.

Illinc regis honor vocibus inclytis
Iocundo reboat laetoque carmine
Alleluia perenne.

Hoc fessis requies, hoc cibus et potus,
Oblectans reduces, haustibus affluens,
Alleluia perenne.

Nos te suavisonis conditor affatim
Rerum carminibus laudeque pangimus
Alleluia perenne.

Te Christe celebrat gloria vocibus
Nostris omnipotens ac tibi dicimus
Alleluia perenne.

XVIII. IN SEPTUAGESIMA.

Cantemus cuncti melodum
Nunc alleluia.

In laudibus aeterni regis
Haec plebs resultet alleluia.

Hoc denique coelestes chori
Cantant in altum alleluia.

Hoc beatorum
Per prata paradisiaca
Psallat concentus alleluia.

Quin et astrorum
Micantia luminaria
Iubilant altum alleluia.

Nubium cursus, ventorum volatus,
Fulgurum coruscatio, et tonitruum sonitus
Dulce consonant simul alleluia.

Fluctus et undae, imber et procellae,
Tempestas, et serenitas, cauma, gelu, nix, pruina,
Saltus, nemora pangant alleluia.

Hinc variae volucres creatorem
Laudibus concinite cum alleluia.

Ast illinc respondeant voces altae
Diversarum bestiarum alleluia.

Istinc montium celsi vertices
Sonent alleluia.

Illinc vallium profunditates
Saltent alleluia.

Tu quoque maris
Iubilans abysse dic alleluia.

Nec non terrarum
Molis immensitates alleluia.

Nunc omne genus humanum laudans
Exultet alleluia.

Et creatori grates frequentans
Consonet alleluia.

Hoc denique nomen audire iugiter
Delectatur alleluia.

Hoc etiam carmen coeleste comprobat
Ipse Christus alleluia.

Nunc vos, O socii, cantate laetantes
Alleluia.

Et vos, pueruli, respondete semper
Alleluia.

Nunc omnes canite simul
Alleluia Domino,
Alleluia Christo,
Pneumatique alleluia.

Laus Trinitati aeternae, alleluia, alleluia,
Alleluia, alleluia, alleluia, alleluia.

XIX. ALLELUIA.

Alleluia, dulce carmen,
Vox perennis gaudii,
Alleluia, vox suavis

Est choris coelestibus,
Quam canunt Dei manentes
In domo per saecula.

Alleluia, laeta mater
Concivis Hierusalem,
Alleluia, vox tuorum
Civium gaudentium,
Exsules nos flere cogunt
Babylonis flumina.

Alleluia non meremur
Nunc perenne psallere,
Alleluia nos reatos
Cogit intermittere;
Tempus instat, quo peracta
Lugeamus crimina.

Unde laudando precamur
Te, beata Trinitas,
Ut tuum nobis videre
Pascha des in aethere,
Quo tibi laeti canamus
Alleluia iugiter!

XX. HYMNUS PASCHALIS.

O filii et filiae,
Rex coelestis, rex gloriae
Morte surrexit hodie. Alleluia.

Et mane prima Sabbati
Ad ostium monumenti
Accesserunt discipuli. Alleluia.

Et Maria Magdalene,
Et Iacobi, et Salome
Venerunt corpus ungere. Alleluia.

In albis sedens angelus
Praedixit mulieribus:
In Galilea est Dominus. Alleluia.

Et Ioannes apostolus
Cucurrit Petro citius,
Monumento venit prius. Alleluia.

Discipulis astantibus,
In medio stetit Christus,
Dicens: Pax vobis omnibus. Alleluia.

Ut intellexit Didymus
Quia surrexerat Iesus,
Remansit fere dubius. Alleluia.

Vide, Thoma, vide latus,
Vide pedes, vide manus,
Noli esse incredulus. Alleluia.

Quando Thomas vidit Christum,
Pedes, manus, latus suum,
Dixit: Tu es Deus meus. Alleluia.

Beati qui non viderunt
Et firmiter crediderunt;
Vitam aeternam habebunt. Alleluia.

In hoc festo sanctissimo
Sit laus et iubilatio:
Benedicamus Domino. Alleluia.

Ex quibus nos humillimas
Devotas atque debitas·
Deo dicamus gratias. Alleluia.

XXI. IN DEDICATIONE ECCLESIAE.

Urbs beata Ierusalem dicta pacis visio,
Quae construitur in coelis vivis ex lapidibus,
Et angelis coronata, velut sponsa nobilis.

Nova veniens a coelo, nuptiali thalamo
Praeparata, ut sponsata copuletur Domino;
Plateae et muri eius ex auro purissimo.

Portae nitent margaritis, adytis patentibus;
Et virtute meritorum illuc introducitur
Omnis, qui ob Christi nomen hoc in mundo premitur.

Tunsionibus, pressuris expoliti lapides
Suis coaptantur locis per manum artificis,
Disponuntur permansuri sacris aedificiis.

Angulare fundamentum lapis Christus missus est,
Qui compage parietum in utroque nectitur,
Quem Sion sancta suscepit, in quo credens permanet.

Omnis illa Deo sacra et dilecta civitas,
Plena modulis et laude et canore jubilo,
Trinum Deum unicunque cum favore praedicat.

Hoc in templo, summe Deus, exoratus adveni,
Et clementi bonitate precum vota suscipe;
Largam benedictionem hic infunde jugiter.

Hic promereantur omnes petita accipere,
Et adepta possidere, cum sanctis perenniter
Paradisum introire, translati in requiem.

XXXV.

MARIA, SCOTIAE REGINA.

O Domine Deus!
Speravi in te;
O care mi Iesu!
Nunc libera me:
In dura catena,
In misera poena
Desidero te;
Languendo, gemendo,
Et genuflectendo
Adoro, imploro,
Ut liberes me!

XXXVI.

MARTINUS LUTHERUS

ET

PHILIPPUS C. BUTTMANN.

PSALMUS, DEUS NOSTER REFUGIUM ET VIRTUS.

(EIN FESTE BURG IST UNSER GOTT.)

Arx firma Deus noster est,
Is telum, quo nitamur;
Is explicat ex omnibus
Queis malis implicamur.
    Nam cui semper mos,
    Iam ter terret nos;
    Per astum, per vim,
    Saevam levat sitim;
        Nil par in terris illi.

In nobis nihil situm est,
Quo minus pereamus:
Quem Deus ducem posuit,
Is facit ut vivamus.

Scin quis hoc potest?
Iesus Christus est,
Qui, dux coelitum,
Non habet aemulum;
Is vicerit profecto.

Sit mundus plenus daemonum,
Nos cupiant vorare;
Non timor est; victoria
Nil potest nos frustrare.
Hem dux saeculi!
Invitus abi!
In nos nil potes,
Iam iudicatus es;
Vel vocula te sternat.

Hoc verbum non pessumdabunt,
Nec gratiam merebunt;
In nobis Christi spiritus
Et munera vigebunt:
Tollant corpus, rem,
Mundique omnem spem:
Tollant! iubilent!
Non lucrum hinc ferent;
Manebit regnum nobis.

XXXVII.

AUGUSTUS M. TOPLADY

ET

W. E. GLADSTONE.

ROCK OF AGES, CLEFT FOR ME.

Iesus, pro me perforatus,
Condar intra tuum latus,
Tu per lympham profluentem,
Tu per sanguinem tepentem,
In peccata mi redunda,
Tolle culpam, sordes munda.

Coram te, nec iustus forem,
Quamvis tota vi laborem,
Nec si fide nunquam cesso,
Fletu stillans indefesso:
Tibi soli tantum munus;
Salva me, Salvator unus!

Nil in manu mecum fero,
Sed me versus crucem gero;
Vestimenta nudus oro,
Opem debilis imploro;
Fontem Christi quaero immundus,
Nisi laves, moribundus.

Dum hos artus vita regit;
Quando nox sepulchro tegit;
Mortuos cum stare iubes,
Sedens iudex inter nubes;
Iesus, pro me perforatus,
Condar intra tuum latus.

NOTES.

NOTES.

I. HILARIUS PICTAVIENSIS.

Life.—Hilarius, or Hilary, was born at Pictavium, now Poictiers, in France. The date of his birth is not known. He was of heathen family, but was early converted, and became bishop of Poictiers in 353. He was one of the foremost men of his age, both in personal and literary influence. He was a zealous champion of the Athanasian view of the Trinity, and his Arian opponents prevailed on the Emperor Constantius to banish him to Phrygia, 356. He remained four years, and then returned to his see, and continued in active labor till his death in 368. While in the East, he observed the influence of the hymns sung in the Arian churches, and when he returned he introduced similar singing to the churches of the West. He has been called the father of Western hymnology. He made a collection of spiritual songs, with the title *Liber Mysteriorum*, mentioned by Jerome (Catal. vir. illustr., c. 100), but now lost. He is named with Ambrose by the Council of Toledo (iv., 13) as one who had composed songs for the Church in praise of God and to the honor of the apostles and martyrs. The *Gloria in excelsis* was ascribed to him by Alcuin and others, and he may have translated and introduced it. His biographer, Fortunatus, distinctly specifies as his the morning hymn with which our collection begins. His claim to others which are ascribed to him is less clear.

Hymn I.

This hymn is mentioned by Fortunatus, the biographer of Hilarius. In the Benedictine edition of the works of Hilarius, Veronae, 1730, fol. ii., p. 530, it is given as the hymn referred to in a letter to his daughter Abra, about the end of the year 358, in which he says, "Interim tibi hymnum matutinum et serotinum misi, ut memor mei semper sis." It is in many old collections, and in Daniel's Thesaurus, 1, 1; Wackernagel, 1, 11. There are several translations into German: Königsfeld, 1, 2, Bienengräber; and in English: Mrs. Charles, Christian Life in Song, p. 91.

The Theme is *Erat vera lux*, quae illuminat omnem hominem venientem in hunc mundum, John i., 9. Ego sum lux mundi; qui sequitur me, non ambulat in tenebris, sed habebit lumen vitae, John viii., 12.

Line 1. Splendide: Many copies read *optime*, which has crept in from the hymn of Ambrose, p. 8.—**2. Sereno:** Some read *sermonis*, referring to Genesis i., 3.—**4. Refusus:** Some read *refulsus*, losing the suggestion of an inundation poured forth and over-spreading the world.—**5. Lucifer:** God-Christ is here addressed as the true *light-bringer*, in distinction from the planet Venus. Such etymological turns are common in the hymns. *Lucifer* is a familiar epithet of John the Baptist in the early Church, as well as of the "Son of the morning," mentioned in Isaiah xiv., 12, 13, who sought to usurp the place of the true Sun, rather than to go before him. This description of the King of Babylon was applied by Tertullian and others to Satan, and the mistake has led to the present meanings of Lucifer. See Webster's Dictionary.—**6. Sideris:** the sun, governed by *lucis*. Some editors have changed *parvi sideris* to *parvus oritur*, and *fulget* to *fulgens*.—**10. Ipse:** *thyself light and perfect day*.—**13. Rerum Conditor:** John i., 3.—**14. Paternae gloria:** John i., 14; Heb. i., 2.—**15. Gratia:** ablative absolute to denote the time of *patescunt*. Some read *ad nutum gratiae;* others *amota* and *pavescunt*, which Mrs. Charles translates:

"The fears of whose removèd grace
Our hearts with direst dread appal."

A German manuscript has as the fifth stanza:

"Tuaqua sancta dextera
Tuere nos per saecula
Post huius vitae terminum
Vitam perennem tribue."

19. Rapientis: Satan. *Lupis rapit oves*, John x., 12.—**20. Ne patescant:** optative subjunctive, A. and G., 57, 4; H., 488, 3.

It has *corpora* understood for its subject, with which *plena* and *gestantia* agree: *fraudibus* is the dative after *patescant;* compare that after *cedo*, H., 384, 1; A. and G., 51, 1, 2. Some read for *tuoque*, *tu quoque*, and for *patescant*, *patescat*.—**21. Seculi:** i. e., *seculares*, secular employments.—**24. Legibus:** in accordance with, H., 414, 2; A. and G., 54, 9.—**27.** 1 Corinthians iii., 16; vi., 19.—**31. Ut sit:** subjunctive in a subject clause, appositive with *haec;* H., 495, 3; A. and G., 70, 4, f.—**32.** Into the care of night, through the day.

Worthy to be coupled with Hilary's hymn are these rhythms of Bacon:

"The first creature of God in the works of the days was the light of the sense;
the last was the light of reason;
and his Sabbath work ever since is the illumination of his Spirit.
First he breatheth light upon the face of matter, or chaos;
then he breatheth light into the face of man;
and still he breatheth and inspireth light into the face of his chosen."

Essay on Truth.

Hymn II.

This hymn is in Daniel's Thesaurus, 1, 2; Königsfeld, 2, 2.

Theme. Thou that hearest prayer, in the morning will we direct our prayers unto thee.

Lines 1-4. The doctrine of the Trinity is emphasized in this stanza.—**17.** The meter needs another syllable. Supply *Et* before *Diem.*

Hymn III.

From an abecedary of twenty-four stanzas: Mone, 1, 387; Wackernagel, 1, 12. It is mentioned in the edition of Hilarius referred to in the first note on Hymn I., as perhaps the evening hymn—*hymnus serotinus*—sent with Hymn I. to his daughter Abra. It is also interesting for its meter.

Theme. 1–4, I am not worthy to lift up mine eyes unto heaven. 4–8, I have left undone that which I ought to have done, I have done that which I ought not to have done, 9–16, and there is no help in me. 17–24, Lord, I believe, help thou mine unbelief. 25–32, I hate them that hate thee.

Line 15. Pietas: See *piissime*, note on Hymn IV., line 17.—**23. Rogativa,** *prayed for;* not in Andrews's Latin Dictionary, but regularly formed on the supine *rogatum* with the passive sense; H., 328, 5.—**30. Arrium:** a variation of *Arĭus* ('Αρεῖος). This verse and the one before it are characteristic of the polemic side of the times of Hilary. Arīus was to him the arch-heretic. He was born at Cyrene, Africa, shortly after the middle of the third century. He denied that the Son is coeternal and coessential with the Father.—**Sabellius,** also a native of Africa, a teacher at Ptolemais, and cotemporary with Arīus, considered the Son and Holy Ghost to be different manifestations of God, but not separate persons.—**Ymnum** for *hymnum* ("Υμνος), to bring in **y;** so **Xriste** for *Christe* (Χριστός), line 25.—**31. Simoni,** Simon Magus; Acts viii. See *Simony*, in Webster. Sabellius is a dog, Simon a swine.—**33. Zelatus** *sum*, deponent, *I have loved* zeal; so *zelatus est* Dominus terram suam, Joel ii., 18.—**34. Paraclĭto,** Paraclēto (Παράκλητος), Greek η beginning to sound like Latin *i*.

Hymn IV.

This is in Stephenson's Latin Hymns of the Anglo-Saxon Church, 93; Daniel's Thesaurus, 1, 6; Mone, 1, 241; Wackernagel, 1, 55. It is attributed to Hilarius by Daniel and older editors. The rhymes and the accentual feet bespeak a much later date for the form here given.

Theme, Acts ii., the Pentecost. See the note on *circulo*, line 15.

Line 1. Beata gaudia, *times of blessed joy.* Mone would read *tempora* for *gaudia; beata tempora* occurs in a similar Pentecostal hymn attributed to Ambrose.—**4. Illapsus:** Old copies read *effulsit in discipulos.*—**6. Figuram:** the object of *vibrante.*—**7. Ut essent:** This clause is the direct object of *detulit*, H., 558, 1, 6. The accusative with the infinitive would be the more common construction; but here future time is involved in *essent.* Compare the English: signified that the disciples *should be;* and the Anglo-Saxon: M., 425, *a.*—**9. Linguis loquuntur omnium:** This line is in the hymn of Ambrose referred to above, line 1.—**13. Mystice,** according to the holy sign, or figure of the old Jewish jubilee.—**14. Paschae,** *Easter;* Eâstre was a heathen goddess. Her feasts were celebrated in April, which was called from her *Eástermônad.* The name is akin to *east*, Lat. *aurora.* The festival commemorating the resurrection of Christ has in English and German received this name, but other kindred nations use *Pascha.* M., A.-Sax. Reader, p. 78.—**15. Circulo:** Some read *numero.* Fifty was the *sacred circle* of years from jubilee to jubilee, when freedom or remission of debts and slavery came; so the Pentecostal outpouring of the Holy Spirit was *fifty days* after the passover.—**17. Piissime,** kindest, gentlest. *Pius*, used at first for love to parents, as in *Pius Aeneas*, later passed to the corresponding love and solicitude of parents. It was used as an epithet of the Roman emperors after M. Antoninus. It carries with it, when applied to God, something of its associations with imperial clemency. It is a favorite word in the hymns.

> "Mothers are *kind* because Thou art."—GEORGE HERBERT.

18. Cernuo: Some put a comma after *cernuo*, and read *largire* as an infinitive.—**23. Dimitte,** forgive, as a debt.—**24. Quieta,** full of rest from sin. *Insuper et caro mea requiescet in spe.* Acts ii., 26.

II. DAMASUS.

Life.—Damasus, pope, was of a Spanish family, but appears to have been born in Rome, 306. His father was a priest of the Church of St. Lawrence in Rome, and Damasus served during his early life in the same church. He was chosen bishop of Rome in 366. Jerome was for a time his secretary. He calls him an incomparable person, learned in the Scriptures. Theodoret places him at the head of the famous doctors of the Latin Church. He adorned the cemeteries of the saints with epitaphs in verse, of which about forty are extant. His divine poems are often celebrated along with his singular learning and piety. He has been called the inventor of rhyme, but without satisfactory evidence. He died December 10, 384.

HYMN I.

This hymn is in Daniel's Thesaurus, 1, 9, and it is found in the editions of the works of Damasus, and in collections of hymns.

It is here given partly for its meter, which is unusual, though very graceful. It is used by Prudentius, for whom see page 51, and by an unknown author of much skill in versification, from whom Mone gives two hymns (1, 135, 31). The rhyme is now believed to indicate a later date than that of Damasus, but the adherence to classical quantity and other tests of age indicate a time not much later.

Theme. St. Agatha, Virgin and Martyr.

Line 1. Martyris . . . Agathae: Palermo and Catana, in Sicily, claim to have been her birthplace. It is agreed that her martyrdom was at Catana, in the persecution of Decius, A.D. 251. She holds an honored place in all the martyrologies of the Latins and Greeks. Her day is February 5.—**3. Qua** *die.*—**4. Duplex:** of virgin and of martyr.—**5. Stirpe:** supply *erat.* "She was of a rich and illustrious family." Her beauty and wealth attracted Quintianus, a man of consular dignity, and he tried to gain her person and estate by means of the edict against Christians.—**6. Actibus . . .:** "She had been consecrated to God from her tender years." In the hands of her persecutor she made this prayer: "Jesus Christ, Lord of all, you see my heart, you know my desire. Possess alone all that I am. I am your sheep."—**9. Viris:** ablative after *fortior; que* connects the verses. After a month of temptation in the house of Aphrodisia, a most wicked woman, Quintianus ordered her to be stretched on the rack, with stripes, tearing her sides with iron hooks, and burning them with torches.—**11. Pectore:** The governor, enraged to see her bear all with cheerfulness, commanded her breast to be tortured and afterward to be cut off, at which she said: *Impie, crudelis et dire tyranne, non es confusus amputare in femina, quod ipse in matre suxisti.*—**12. Patulo,** plainly; *quam valido pectore fuerit,* of how stout a heart she was.—**13.** She was remanded to prison, and there the apostle Peter appeared to her in vision, comforted her, healed all her wounds, and filled her dungeon with a heavenly light.—**15. Flagrans,** *Ardent,* for martyrdom. — **16. Flagella** *currere,* to run a gauntlet; German, *spitzruthen laufen;* here figurative, *passed through all torments.* She was rolled over live coals mixed with potsherds, then thanking God who had given her patience to suffer, "she sweetly gave up the ghost."—**17. Ethnica,** heathen.

It has been thought a mistake for *Ætnaea*, belonging to Mount Ætna. The Romish authors relate the turning aside of the torrent of fire from Ætna and the saving of Catana by the aid of St. Agatha's veil; *rogum fugiens*, fleeing death.—**18. Huius,** Agatha; *ipsa, turba.*—**19. Quos,** *his*, Christians, the faithful, contrasted with *the heathen crowd.*—**20. Ipsa,** Agatha; *Venerem premat, extinguish lust*, whose flames are worse than those of Ætna; optative subjunctive.—**21. Renitens,** struggling, wrestling; others read *renidens*, "radiant as a bride of heaven."—**22.** For *Domino*, some read *Damaso;* and for *supplica, rogita.*—**24. Se:** as he, Christ, may favor those worshiping himself, like Agatha.—**25.** The last stanza has perhaps been added in later times.—**28. Hanc,** Agatha.

III. AMBROSIUS ET AMBROSIANI.

Life.—St. Ambrose was born about 340, probably at Treves in Gaul. His father was prefect of Gaul. He began his career as an advocate at Milan, and rose to be consular prefect of Liguria, 370. On the death of the bishop Auxentius there was a fierce contest between the Arians and Catholics. While Ambrose was trying to repress the tumult, a child cried out in the assembly, "Let Ambrose be bishop." He was a layman, but finally accepted the office, 374. He vigorously opposed the Arians. He refused to yield up churches for their use. The imperial troops besieged the people in the church at Milan. Then, it is said, was first introduced into the Western Church the responsive chanting of hymns. Doctrinal hymns of Ambrose resounded through the city. He died in 397, after a life of great controversial influence, and an authority which he used against the emperors themselves. See the account of his treatment of Theodosius in the classical dictionaries.

There is a large body of hymns current under the name of Ambrosian, but only a few of them are known to be his. The name was freely given to all hymns thought to be in his manner. Twelve are pointed out with some confidence as his. They are almost all the simplest thoughts in the simplest forms of meter, the voice of the whole Church. For further interesting particulars, see Mrs. Charles's Christian Life in Song, chap. v.

Hymn I.

In Daniel, 1, 15; Wackernagel, 1, 16; Trench, 243. There are many translations; Mrs. Charles, Christian Life in Song, p. 90; Hymns of the Ages, p. 6. Augustine, the contemporary of Ambrose, distinctly ascribes this hymn to him. Retract., 1, 21; Trench, 243.

Theme. Thoughts at cock-crowing. Similar thoughts are expressed in prose by Ambrose. Hexaem., xxiv., 88.

Galli cantus . . . et dormientem excitat, et sollicitum admonet, et viantem solatur, processum noctis canora significatione protestans. Hoc canente latro suas relinquit insidias; hoc ipse lucifer excitatus oritur, coelumque illuminat; hoc canente moestitiam trepidus nauta deponit; omnisque crebro vespertinis flatibus excitata tempestas et procella mitescit; . . . hoc postremo canente ipsa Ecclesiae Petra culpam suam diluit, etc. Trench, 243.

Line 1. Conditor, a frequent word for *Creator*, especially in Gregory the Great. It suggests plan and framing.—**3.** "With ordered times dividing times."—**7.** His crowing marks the hours for travelers in the night, as the sun does in the day.—**8. Noctem a nocte,** separating the night into parts.—**9. Lucifer:** this the lovers of allegory interpreted of Christ, making John the Baptist the *praeco.*—**11. Errorum:** Trench reads *erronum*, and compares a stanza of Prudentius:

> "Ferunt *vagantes daemones*
> Laetos tenebris noctium,
> Gallo canente exterritos
> Sparsim timere et çedere."

Compare Hamlet, 1, 1.—**15.** Matthew xxvi., 75; xvi., 18; yet Ambrose says: Fides ergo est Ecclesiae fundamentum: non enim de carne Petri, sed de fide dictum est, quia portae mortis ei non praevalebunt. Incarn. Dom., 5; Trench, 244.—**17. Surgamus:** the cock became in the Middle Ages the standing emblem of a preacher. As the lion was said to be unable to withstand the crowing of the cock, so Satan, the roaring lion, fled preaching. Ambrose, Hexaem vi., 4. As the cock rouses himself by clapping his wings on his own sides before he rouses others, so the preacher. Gregory; Trench, 245.—**20.** In allusion to Peter.—**26.** In allusion to Luke xxii., 61: And the Lord turned and looked upon Peter.—**28.** Luke xxii., 62.—**32. Et ore,** some read: *Et vota solvamus tibi.*

HYMN II.

In Daniel, 1, 17; Mone, 1, 381; Wackernagel, 1, 15; it is referred to by Augustine, Confess., ix., 12. See Mrs. Charles's Christian Life in Song, page 85, where the affecting passage from Augustine is given, describing the remembrance of the verses as he was alone in his bed on the morning after his mother's burial. The translation of the whole hymn, which is there promised, I do not find in my edition—New York, Carter & Brothers, 1867.

Theme. Thanks and prayer to the giver and guardian of sleep.

Line 2. Vestiens gratia soporis, a felicitous expression not easily imitated. "Blessed be he that invented sleep. It wraps a man up like a blanket," said Sancho Panza.

"Maker of all, the Lord
And Ruler of the height,
Who, robing day in light, hast poured
Soft slumbers o'er the night;
That to our limbs the power
Of toil may be renewed,
And hearts be raised that sink and cower,
And sorrows be subdued."—PARKER'S *Aug. Conf.*

11. Votis, ablative of accompaniment. Others read *voti reos,* those bound by vow.—**26. Alta,** depths, subject of *somnient.*—**31-32. Unum,** adv.; some read *unus;* **potens Trinitas,** vocative.

HYMN III.

Daniel, 1, 24; Mone, 1, 373; Wackernagel, 1, 13; Grimm, iii.; and elsewhere.

Theme. God-Christ the light of the world.

Line 1. Compare Hilary, page 1, line 14, and so other passages.—**5. Illabere,** imperat.; Hilary, page 5, line 4.—**18. Casto,** *Castam* (Mone). Others read:

"Sit pura nobis castitas."

23. Sobriam ebrietatem: the expression is in Augustine, Sermo 34, 2. Deus de vino invisibili *inebriet* nos (Augustine in evang. John i., 8, § 3). Christ is the vine and wine as well as the bread: bonus hospes vos esurientes invenit, pascit vos; sitientes invenit, *inebriat* vos (Augustine). Qui laetatur in domino et cantat laudes domino magna exsultatione, nonne *ebrio* similis est? probo istam *ebrietatem*. August., Serm. 225, 4; Mone, 1, 112.—**30. Aurora:** ablative after *prodeat*, H., 422, 2; A. and G., 54, 1, b. *Totus*, the whole Godhead, the whole sun. *Let the whole come forth from the dawn.* The language is colored by the figurative meaning of *Aurora* familiar to the fathers, i. e., the Virgin Mary.

Hymn IV.

Daniel, 1, 12; Mone, 1, 42; Wackernagel, 1, 16; Trench, p. 87. In one of Augustine's sermons (372, 3) he quotes a stanza as having just been sung in the church: Hunc nostri Gigantis excursum brevissime ac pulcherrime cecinit beatus Ambrosius in hymno quem paulo ante cantastis (Trench, p. 89). It has been called the best of the Hymns of Ambrose by Dr. Schaff, "full of faith, rugged vigor, austere simplicity, and bold contrasts." It has been imitated or translated often in many languages: in German by Luther (*Nu komm der Heiden Heiland*), John Frank (*Komm, Heidenheiland, Lösegeld*), whose version Trench calls one of the choicest treasures of the German hymn-book, and Bunsen (*Noch tiefer und lieblicher als das Lateinische*). There are several English translations. Schaff, p. 9; Mrs. Charles, Christ. Life in Song, p. 97.

Theme. The advent of Christ.

Line 1. In a few manuscripts the hymn begins with the following stanza:

"Intende, qui regis Israhel,
Super cherubim qui sedes,
Appare Ephrem, coram excita
Potentiam tuam et veni!"

This is nearly in the words of Psalm lxxix., 1–3: *Qui regis Israel, intende! qui sedes super cherubim, manifestare coram Ephrem, Benjamin, et Manasse! Excita potentiam tuam et veni.* This Psalm is used on the first Advent Sunday, and the passage was understood to refer to Christ by Athanasius (Mone, 1, 44). For the fitness of beginning with his being a Savior for the Jews, compare Matthew x., 5, 6; Acts xiii., 46.—**6. Mystico,** of the Holy Spirit; *symbolized* and *holy*. Compare Genesis ii., 7: *Inspiravit spiraculum vitae.*—**10. Claustrum:** see note on Hymn IX., lines 13, 15. Others read *claustra*, like the Greek, of which it is an imitation, *παρθενίας τὰ κλεῖθρα.*—**11. Virtutum:** others *virtutis*, an appositive genitive. H., 396, v.; A. and G., 50, 1, f. The virtues of the Virgin are the banners of God, as of an emperor, present with her:

> "Casta, Tacens, Residens, Operans, Humilis, Pia, Prudens,
> Hoc septiformi munere virgo micat."
>
> *Hugo Cardinalis*, DANIEL, 1, 13.

12. Templo: Castus alvus beatae Mariae.—**13.** Psalm xix., 5. Tanquam sponsus procedens de thalamo suo, exultavit ut gigas ad currendam viam.—**15. Gigas:** associated by Ambrose with Genesis vi., 4, which the early Church interpreted as meaning that the *Giants* were *geminae substantiae*, born of angels and women. They thus became types of Christ. Ambrose enlarges on the thought. De. Incarn. Dom., c. 5; Trench, p. 88.—**17.** This stanza follows the suggestion of the 19th Psalm; compare also John xvi., 28.—**19. Inferos:** The descent of Christ to Hades was made the starting-point of a cycle of tales. 1 Peter iii., 19 was thought to refer to this descent.—**22. Tropaeo:** the fathers are fond of calling the risen body of Christ the trophy of his victory over Satan and death. *Cingere*, passive, *thou art clothed.*—**24. Perpetim:** others *perpeti*, *strengthening with everlasting strength the weaknesses of our body.*—**25. Praesepe:** Thus in the Evangel. Infant., ch. 3, some enter the cave where the new-born child is laid —et ecce repleta erat illa luminibus, lucernarum et candelarum fulgoribus excedentibus, et solari luce majoribus. Trench, p. 90.—**26.** Night represents Judaism, in which appears a new light, which no night shall interrupt. The second *nox* has its common patristic reference to Satan. Ambrose elsewhere says: *Sine interpolatione noctium* dies perpetuus ille (Mone, 1, 45). *Jugi*, an adjective.

HYMN V.

In Daniel, 1, 43; Wackernagel, 1, 13; Grimm, v.; and in the most ancient manuscripts and collections. Wackernagel puts it first among the hymns of Ambrose, but on no very strong evidence. It is remarkable for its perfect simplicity.

Hymn VI.

In Daniel, 1, 29; Wackernagel, 1, 22; Beda, De Metris, has 1–24, 33–40. Beda says they are by Ambrose, and he has been followed by the other authorities. Gervinus, in his history of German literature (3, 18), says that more beautiful songs than this and the following have hardly ever been made.

Theme. A drouth; a prayer for rain.

Line 1. Soli, genitive.—**3. Ruris:** Beda reads *roris.* Supply *est.*—**9. Dies:** supply *est.*—**11. Fessis,** the birds, especially.—**13. Ventis:** supply *recludent* from 15: *open their mouths to the winds.*—**17.** Repeat *recusat; Pignora=foetus.*—**18. Siti,** cause after *fessa. Recusat,* she has no food for them.—**24. Fletus,** object of *bibentes.*—**27. Versat,** *mumbles.*—**28. Herbis,** ablative of separation after *fraudatum.* H., 425, 3, 4; A. and G., 54, 1.—**39. Heliae,** bad spelling for *Eliae.* See 1 Kings xviii.; *meritis,* the cause or reason; *pluviâ,* the means. A. and G., 51, 1, c.—**42. Qui:** supply *es* . . . gloria sit semper tibi cum Genito Christo compar Sancto Spiritui.

Hymn VII.

See Hymn VI. Beda has verses 1–8, 33–40.

Theme. A tempest and flood; a prayer for fair weather.

Line 1. Coeli, limits *nubila.*—**2. Sole,** absolute.—**4. Carpimus,** so it is sometimes said in English: we are *enjoying* a long spell of bad weather.—**5. Aether dira,** a poetic feminine, as Gr. *αἰθήρ* often is. The expressions are drawn from heathen poets: *micat ignibus aether,* Virgil, Æn., 1, 94; *igni corusco,* Horace, Carm., 1, 34, 6.—**6.** *Cardine* for *pole,* Ovid, Pont., 2, 10, 45.—**7.** *Porta tonat coeli,* Virgil, Georg., 3, 261.—**8.** *Axis aethereus,* Ovid, Met., 6, 175.—**9-24.** Compare a similar description in Ovid, Met., 1, 262+.—**13-16.** For the style, compare lines 13–16, 17–20, in the former hymn; *satis, vitibus,* dative after *hospes,* a word of remoteness, like an adjective. A. and G., 51, 6; H., 391, 2, 3.—**24.** *Piscium et summa genus haesit in ulmo, Nota quae sedes fuerat columbis.* Horat., Od., ii., 2, 9, 10.—**27-28.** Still as she is borne away, the mother-bird cares for her nest, and fearfully gathers the older of her young.—

29. Fenestris: supply *spectat.*—**30. Feminei pudoris**=*feminarum pudicarum.*—**34. Aetas,** of Noah.—**37.** Genesis viii., 11.

Hymn VIII.

In Daniel, 1, 49; Mone, 1, 222; Wackernagel, 1, 17; translation by Mrs. Charles, Christian Life in Song, p. 102.

Theme. The events of the day of Crucifixion as seen on Easter.

Paschali, originally the Passover, then the festival commemorating the resurrection of Christ. Called *Easter* in England and Germany, from the heathen goddess *Eástre*, whose festival was displaced by the Pascha.—**Line 5. Perditis:** Mone reads *perfidis*, referring it to the Jews.—**8.** Luke xxiii., 43.—**9. Qui,** *latro.*—**11. Iustus:** others read *iustos*, and in the next line *praevenit*, "goes to heaven before the just," i. e., the patriarchs, who being in purgatory, and released by Christ after his crucifixion, did not enter heaven so soon as the thief—*praevio gradu*, by an ascent before Christ, or, in the other reading, before the patriarchs.—**15. Adhaerentem:** union with Christ is the source of all blessedness. *Participatione Dei fit anima beata.* Augustine, Div. Quaest., 35, 2. —**25. Mors,** death temporal, then death spiritual, and Satan; et nomen illi *Mors*, Apocal., vi., 8, interpreted of Satan by Gregory and others.—**Hamum:** the language is drawn from Job xli., 1. The fathers, somehow, made Leviathan the devil. The verse refers to the belief of the fathers that Satan, ignorant of the divinity of Christ, instigated the Jewish priests to put him to death, and was therein completely deceived, since this death was the life of men. He swallowed the hook and bound himself with cords. *Christus hamo suae divinitatis perforavit maxillam ipsius diaboli, cum diabolus volebat capere escam carnis Christi.* Mone, 1, 195.—**29.** When death has passed upon all, and destroyed the carnal nature, spiritual death itself can no longer exist, since it can not affect the new life which comes from Christ.

Hymn IX.

Daniel, 1, 19; Mone, 1, 75; Wackernagel, 1, 17. It is by all attributed to Ambrose.

Theme. The manifestation of the divine power in Christ; the theophany.

The ancient Christians celebrated the Epiphany—the day of Christ's appearance to the wise men of the East, or of the appearance of his star—as the birth-day of his divine energies.

Line 1. The resemblance between natural light and spiritual strikes all mankind, and pervades all these hymns, and is eminently Biblical. See notes on Hilary, p. 218; Hebrews vi., 4; and elsewhere.—**5.** *Mystico*, connected with holy types and prophecies. It may be translated *mystic.* The stanza alludes to the belief that at the baptism of Christ the waters of the Jordan retreated in awe. This belief is often referred to by the fathers, and associated with Psalm cxiii., 5: *Mare vidit, et fugit; Jordanis conversus est retrorsum;* from the first part of which a comparison with the passage of the Red Sea grew up, and the evil nature, or Satan, like Pharaoh, was said to be drowned by the waters of the baptism of Christ. Compare Hymn XI., 3, 12, on page 33.—**11. Hac die,** the Epiphany, celebrated on the 12th day after Christmas. Matt. ii., 2. *Adoratum*, supine, to adore the manger, i. e., Christ in the manger. Others read *ad oratum*, to the manger to pray or worship.—**13-16.** John ii., 1–11. *Minister conscius.* John ii., 9.—**17.** Supply *minister.*—**18. Inebriare:** see note on Hymn III. of Ambrosius, line 23.—**21.** John vi., 9–13.—**28.** Most old copies read *fontium*, the constant flowings of fountains. Mone and some others say this is meaningless, and read *faucium;* but the wonder where the supply of water comes from to a spring is quite like that about the supply of bread to the breakers of the loaves, and more poetical than the continued wagging of jaws.—**30.** *Profluus*, flowing forth into existence.—**31.** Fragments which they had never broken, glide untouched to (the hands of) the men.

AMBROSIANI.

Hymns ascribed to Ambrose were called *Ambrosiani*, and many hymns not written by him have received the name by mistake. But it was also often used to denote a kind of hymns, *like the hymns of Ambrose*, in meter, style, and ancient use. In this way large collections of hymns, many of which no one supposed were written by Ambrose, were known as *Ambrosiani.* A strong scientific method would reject the word altogether. But it has a certain historical interest, and is used here for a class of early hymns which have been associated with Ambrose, but are now regarded as the work of unknown authors. They are mostly of the fifth or sixth century.

HYMN I.

In Wackernagel, 1, 24; Mrs. Charles's Christian Life in Song, p. 20, and every where. There is a legend of early origin that Ambrose composed and sang the *Te Deum* by sudden inspiration as he baptized Augustine. It is also told that they sang it in responses from a common inspiration. It is generally believed to have been a gradual growth from Greek morning hymns and the Bible. It is rhythmical prose. There is a metrical version of it, which is translated by Mrs. Charles, Christian Life in Song, p. 96.

Theme. The universe praising God.

Line 2. *Aeternum* **Patrem:** compare Isaiah ix., 6. This is the name whereby he shall be called: Almighty God, *Everlasting Father*, Prince of Peace (Mrs. Charles, p. 20); but the Latin reads for *Everlasting Father*, *Pater futuri saeculi.*—**3.** *Coeli Potestates*, Coloss. i., 16; Romans viii., 38.—**5.** Isaiah vi., 3; Rev. iv., 4–8.—**12. Candidatus,** Rev. vii., 13, 14.—**14, 15. Suscepturus, non:** others read *suscepisti*, *nec.*—**16, 17.** 1 Cor. xv., 55–57.—**19. Crederis,** passive; thou art stated in our *creed.*—**22. In gloria numerari:** others read *gloria munerari.* Supply *famulos.*—**23. Benedic,** Psalm xxviii., 9.—**29, 30.** Psalm cxix., 41, 42: *veniat super me misericordia tua, Domine . . . quia speravi in sermonibus tuis.* Compare verse 76 of the same Psalm: *Fiat misericordia*, etc.—**31.** Psalm cxix., 46, *non confundebar.*

HYMN II.

In Daniel's Thesaurus, 1, 81; Mone, 1, 99; Wackernagel, 1, 53. It is early, but there is no special evidence which connects it with Ambrose. It is probably of the fifth century. Translated by Mrs. Charles, Christian Life in Song, p. 99. It is a narrative hymn, suggesting old ballads, and made up mostly of Scripture expressions.

Theme. The Passion of Christ.

Line 3. Crucis patibulo, genitive of appositive, H., 396, v; ablative of instrument.—**5, 6.** Others read *decurso*, *quo*.—**15. Ut,** as. —**13. Pessimus mercator:** In the ancient German hymns pity is mingled with their execration of Judas:

> "O du armer Iudas, was hastu getan,
> Dass du unsern herrn also verraten hast?
> Des mustu in der helle
> Immer leiden pein,
> Lucifers geselle
> Mustu ewig sein."
>
> *Das Iudaslied*, DANIEL'S *Thesaurus*, 1, 82.

32. Quam, Christ's life, which is the life not only of the world in a general sense, but of those who are quickened from spiritual death. Others read *quem*, Christ.

HYMN III.

Daniel, 1, 27; Wackernagel, 1, 57; Trench, p. 210. It is given by the Benedictine edition of Ambrose, and by Beda, *De re metrica*, 174, and reckoned among the hymns of Ambrose, or at least the *Ambrosiani*. In the Roman Breviary, stanzas 1, 2, 6, 7 are extracted for a hymn to the Apostles. Mone, 3, 143.

Theme. The martyrs.

Line 11. Compendio: *quia mors illa fuerit via compendiaria ad assequendam vitam beatam.*—**13.** Heb. xi., 33–38.—**15. Ungulis:** See note on Damasus, line 9, p. 222.—**24.** John xiv., 30.

HYMN IV.

Daniel, 1, 62; Mone, 1, 232; Stephenson, Latin Hymns, p. 89; translated by Mrs. Charles, Christian Life in Song, p. 104. It has often been confidently ascribed to Ambrose (Gallandus Bibl. Patr., 7, 772), but critical judgment assigns it to the sixth or seventh century.

Theme. The Ascension of Christ. Acts i., 9.

Line 5. Ascendens, etc., Ephesians iv., 8.—**10. Mundi principe,** John xiv., 30.—**12. Gloriam:** "Christus per carnem assumptam debellato diabolo victor evasit, ipsamque glorificatam carnem tandem coelo intulit."—Clichtoveus. Compare *Carnis tropaeo,* page 13, Hymn IV., line 22, and the note, as also the lines quoted below, line 23.—**13.** Acts i., 9: Redemtor noster non curru, non angelis sublevatus legitur, quia is, qui fecerat omnia, nimirum super omnia sua virtute ferebatur. Gregory, Hom. in Evang., 2, 29,5; Mone, 1, 232.—**16.** *Protoplastus*, Adam; others *protoplasti*.—**19. Sputa,** etc., frequent combination in the hymns and elsewhere. Mark xv., 19, 20.—**23-25.** Compare

—"resultant
Coelestes in laudes chori, cum rector Olympi
Evehit excelsis, quicquid suscepit ab imis
Ingrediensque polum *carmis comitante tropaeo:*
Exuvias atri raptas de fauce profundi
Lucis in arce locat *terrenosque erigit artus.*"
Arator, *Hist. Ap.*, 1, 36.

31, 32. Tali quae possit, H., 500, 2; A. and G., 65, 1: "Ascendamus cum Christo corde, cum dies eius promissus advenerit, sequemur et corpore. Scire tamen debemus, quia cum Christo non ascendit superbia, non avaritia, non luxuria, nullum vitium nostrum ascendit cum medico nostro." Augustine de Ascens., 2; Daniel, 1, 63.

Hymn V.

Daniel, 1, 63; Mone, 1, 230; Wackernagel, 1, 55; Stephenson, Latin Hymns, p. 83; and elsewhere. Translated by Mrs. Charles, p. 105. It has been often confidently attributed to Ambrose (Gallandus, Bibl. Patr., 7, 772).

It is called *suavissimus hymnus*, and in a somewhat modified form it is still intoned with special solemnity and reverence in the Roman service on Ascension day.

Theme. The Ascension of Christ.

Line 4. In fine temporum, Hebrews ix., 26.—**9.** The descent to Hades is referred to. See Hymn IV. of Ambrose, line 19, on page 13, and the note.—**13. Pietas,** the love of a father or elder brother.—**15.** *Parcendo*, by sparing, i. e., by thy mercy.—*compotes voti*, possessed of our prayer, i. e., having our sins subdued.—**16. Saties:** compare *ego satiabor cum apparuerit gloria tua.* Psalm xvi., 15.

Hymn VI.

In Daniel, 1, 40; in some of the oldest manuscripts, and in many old collections; translation by Mrs. Charles, Christian Life in Song, p. 93.

Theme. The sixth hour and the crucifixion. Luke xxiii., 44.

Lines 1-4. Mrs. Charles translates:

> "With silent step we see to-day
> The noontide hour before us glide;
> Day, poised upon her course midway,
> Looks to the night on either side."

18. Hoc tempore, Genesis xviii., 1.—**20.** Genesis xviii., 2, 3.—**21.** John iv., 6, 23.—**25.** Paul, Acts xxii., 6.—**30.** Supply *sunt.*—**38.** *Peracta,* others *peracto.*

Hymn VII.

Daniel, 1, 36; Wackernagel, 1, 52. Often attributed to Ambrose, and sometimes referred to as the earliest poem fully rhymed. The rhymes lead the later critics to give it a later date—the fifth century. The last stanza is later still—an added doxology. The translation by Luther is a favorite: *Der du bist drei in einigkeit.*

Theme. The sun leaves us, be Thou our light.

Line 7. Nostra supplex gloria, i. e., *nos supplices inter coelices,* our glorified spirits in suppliance praise.

Hymn VIII.

Grimm, xvi.; Daniel, 1, 33; Mone, 1, 92; Wackernagel, 1, 83. Translated by Mrs. Charles, Christian Life in Song, p. 92. There are very ancient German versions, as well as modern. It is probably of the seventh century.

Theme. Christ, who art the true light, keep thy servant through the night.

Completorium, an adjective noun, the completing service. See Webster: *completory, compline.* It is for the last service of the day during Lent. **Line 1.** Compare Hilary's morning hymn, page 1.—**3, 4.** Mone reads from a manuscript of the eighth century:

"Lucifer lucem proferens,
Vitam beatam tribue."

For the use of *Lucifer* for Christ, see Hilary's hymn, as above.—**Crederis,** passive.—**4. Lumen,** the radiance of *lux*.—**11. Illi,** Satan.—**14.** *Ego dormio et cor meum vigilat.* Canticles v., 2.—**22.** *Gravis est sarcina corruptionis.* Gregorius, Mor., 12, 17; Mone, 1, 93.

Hymn IX.

Daniel, 1, 42; translation by Mrs. Charles, Christian Life in Song, p. 94. It is found in one of the very old manuscripts, that of the Queen of Sweden, and is put among the Ambrosiani by Daniel, but is late.

Theme. Midnight in the Bible history. Exodus xi.

Line 9, 10. Quod, subject of *delevit*.—**21. Nos verus Israel.** Romans ix., 6, 25.—**40.** Matthew xxv.—**41.** Acts xvi., 25.—**49. Hagie:** Greek, ἅγιος, holy.

Hymn X.

Daniel, 1, 107; Wackernagel, 1, 84; and many old editors. It is put by Daniel among the Ambrosiani, by Wackernagel in the seventh century. The meter, three Sapphics and an Adonic, is familiar to the readers of Horace, and the style is colored by imitation of the heathen writers.

Theme. The dedication of a church.

Line 2. Ab ore, *from the source*, or, as the Word, *from the mouth.*—**9. Rite,** in due form.—**11. Corpus assumit,** partake the consecrated body (of Christ).—**16. Christicolarum,** a word of Prudentius, for whom see page 51, which helps to fix the age of the hymn.—**25. Aula, porta.** Genesis xxviii., 17.—**39.** *Pereunte mundo.* 2 Peter iii., 10.

Hymn XI.

Daniel, 1, 88; Mone, 1, 217; Wackernagel, 1, 81; and in the Breviaries generally. It appears to be of the sixth century. Daniel suggests that it was used in the ancient Church, when the catechumens, in baptismal robes, first partook of the sacrament, *Dominica in albis*, next after Easter Sunday. The text used here is that of the Roman Breviary. The older texts begin:

"*Ad coenam agni providi.*"

There are many translations: Mrs. Charles's Christian Life in Song, p. 103; Dr. Schaff's Christ in Song, two translations, p. 237, 238.

Theme. Christ the Paschal Lamb.

Line 1. Beati qui ad coenam nuptiarum agni vocati sunt. Apocal. xix., 9.—**2.** All were clothed at baptism in a white garment. Apocal. vii., 13, 14. The best robe of the returning Prodigal. Luke xv., 22. "*Infantes niveos corpore, corde, habitu.*"—Paulinus, in Daniel, 1, 89.—**3.** The passage of the Israelites through the Red Sea was a type of baptism. 1 Cor. x., 1. Compare note on Hymn IX., line 5, page 18.—**4.** This stanza reads in the old text:

"Cuius corpus sanctissimum
In ara crucis torridum,
Cruore eius roseo
Gustando vivimus Deo."

These realistic expressions of roasting and eating Christ, drawn from the paschal supper, were wonderfully attractive to the early Christians: "*Assatum et arefactum in cruce igne irae Dei.*" So Luther:

"Hie ist das rechte Osterlamm
Davon Gott hat geboten,
Das ist an des Kreuzes Stamm
In heisser Lieb' gebroten."

Compare the Hymn to St. Lawrence, page 145.—**9.** Exod. xi. Compare Hymn IX., line 16, page 30.—**13.** *Pascha nostrum* immolatus *est Christus.* Itaque epulemur ... in *azymis sinceritatis et veritatis.* 1 Cor. v., 7, 8.—**17.** The old text reads:

"O vere digna hostia,
Per quam fracta sunt Tartara,
Redempta plebs captivata,
Reddita vitae praemia;"

where Christ's descent into Hell, or Hades, his release of the spirits bound there, and his taking them to heaven, are distinctly stated.—**21.** Compare, on page 24, Hymn IV., lines 9–16; page 25, Hymn V., lines 9–12.

HYMN XII.

Grimm, xix.; Daniel's Thesaurus, 1, 83; Mone, 1, 190; Wackernagel, 1, 80. It is perhaps of the sixth century. Translations many: Mrs. Charles's Christian Life in Song, p. 100; Dr. Schaff's Christ in Song, two versions, p. 245, 246. The Roman Breviary divides it—a second hymn beginning with the fifth stanza. It is for the same Sunday as Hymn XI.

Theme. The rejoicings of resurrection morning.

Line 7. Pede conculcans: Romans xvi., 20.—**8. A poena:** others *catena.* For the descent to Hades, see Hymn IV. of Ambrose, line 19 on page 13, and the note.—**9. Clausus, custoditur,** Matthew xxvii., 66, and the next chapter.—**13, 14. Solutis doloribus inferni** is from Acts ii., 24.—**25. Illae:** Because by woman man fell, by woman he is restored; a woman bore the Saviour, a woman announced his resurrection: Per feminam mors, per feminam vita. Quia in paradiso mulier viro propinavit mortem, a sepulcro mulier viris annuntiat vitam. Augustine, Gregory, as quoted in Mone, 1, 191.—**34. Nitet radio:** others *mittit radios.*—**38.** John xx., 27; **fulgida:** Mone marks it *fulgidâ*, radiant body of Christ; but the Roman Breviary and others make it agree with *vulnera:*

"In carne Christi vulnera
Micare tanquam sidera."

Compare page 193, lines 25, 26.

HYMN XIII.

The six following hymns on the Works of the Days have been a favorite set of *Ambrosiani.* See Daniel, 1, 57–61; Konigsfeld, 12, 8–16; but it will be seen that they are later than Ambrose, and some of them attributed with confidence to Gregory.

In Stephenson's Latin Hymns, p. 13; Daniel's Thesaurus, 1, 57; Mone, 1, 82; Wackernagel, 1, 52. It is somewhat later than Ambrose. The rhyming vowels are observed.

Theme. Genesis i, 1–5.

Line 7. Tetrum Chaos: both words are common epithets of Satan among the fathers. Mone, 1, 83.—**10.** Psalm cxli., 6.—**11. Perenne,** spiritual, eternal.—**13. Coeleste:** the text is from the Roman Breviary, and agrees with the expression in Matt. vii., 7; Luc. xi., 5–8. The old copies read *Coelorum pulset intimum.* The subject is *mens.*—**14. Vitale:** i. e. *vitae*, of spiritual life.

HYMN XIV.

Daniel, 1, 58; Mone, 1, 375; Wackernagel, 1, 70; Stephenson's Latin Hymns; and elsewhere. Mone thinks Gregory the Great wrote it.

Theme. Genesis i., 6–8.

Line 11. *Milleformes daemonum incursus*, Augustine. Mone, 1, 376.—**12. Error vetus,** original sin.

HYMN XV.

Daniel, 1, 59; Mone, 1, 376; Wackernagel, 1, 70; Stephenson, p. 19. This also, Mone thinks, is Gregory's.

Theme. Genesis i., 9–13.

Line 2. *Separans*, so the Roman Breviary. Old texts have *eruens.*—**6. Decora:** agrees with *terra* understood.—**11.** *Vita lota lacrymis renovatur*, Gregory. Mone, 1, 376.

HYMN XVI.

Daniel, 1, 60; Mone, 1, 378; Wackernagel, 1, 71; Stephenson, 22. Wackernagel thinks it Gregory's.

Theme. Genesis i., 14–19.

Line 2. So the Roman Breviary. Old texts read: *Qui lucidum centrum poli.*

HYMN XVII.

In Daniel, 1, 61; Wackernagel, 1, 56, 342; and elsewhere. One of the older Ambrosiani; probably of the fifth century.

Theme. Genesis i., 20–23.

Line 2. Natos, offspring of the teeming water, both fishes and birds.—**7. Prodita:** supply *animalia.* Some omit *ab.*—**8. Repleant:** so the Roman Breviary. Old copies have *rapiant.*—**9.** *Largire*, imperative, with *nescire* for its direct object.—**10. Unda sanguinis,** an allusion to the blood of Christ and to baptism. Kehrein thinks it means *unda et sanguis*, "the water and the blood."

HYMN XVIII.

In Daniel, 1, 61; Mone, 1, 380; Wackernagel, 1, 343, 82; Stephenson; and elsewhere. It is one of the later Ambrosiani, neglecting elision, and sometimes quantity; probably of the seventh century.

Theme. Genesis i., 24, 31.

Line 1. So in the Roman Breviary. The older copies read:

"*Plasmator hominis, Deus.*"

—**5. Corpora:** subject of *obtemperare.* Older copies read *Qui* for *Et*, and for lines 7, 8,

"Ut serviant per ordinem
Subdens dedisti homini."

Corpora is then the object of *dedisti.*—**13.** The last stanza is thought by Mone to be unconnected with the rest, and spurious.

HYMN XIX.

Grimm, xxiv.; Daniel, 1, 85; Wackernagel, 1, 54. Of the fifth century. "Plerumque casu quodam invenies etiam rationem in rhythmo, non artificis modo ratione servata, sed sono et ipsa modulatione ducente. *Quomodo instar iambici metri pulcherrime factus est hymnus ille praeclarus:* Rex aeterne Domine." Beda, De Rhythmo.

Theme. The Creator, the Redeemer, the Good Physician, the final Judge.

Line 1. Many copies begin like Beda: *Rex aeterne*, the *Rex* making a tonic. M., A.-Sax. Gram., 222.—**4. Cui:** two syllables, as often, or a tonic.—**9.** *Quem diab—*, an accentual anapaest.—**49.** *Quia tu ip—*, an accentual spondee; *quia* one syllable, as often. —**53. Tu,** a tonic.—**59. Tu,** a tonic.

HYMN XX.

Daniel's Thesaurus, 1, 21; Wackernagel, 1, 47; Schaff, Christ in Song, p. 40. It had been early attributed to Ambrose; but the theory has later found favor that it was an old *abecedary*, made up from several poems. Attempts have been made by Daniel and Wackernagel to restore the verses which remain to alphabetic order. Of the stanzas, 1 is from Sedulius, page 59; 2, 3 are from a poem of Prudentius, not given in this book; 4, 5, 6 are a separate hymn used in the church on the day of the purification of the Virgin, and perhaps by Ambrose; the others have not been found.

Theme. The birth of Christ.

Line 1. Psalm cxii., 3. A solis ortu usque ad occasum laudabile nomen.—**2. Et usque:** in Sedulius, see page 59, *ad usque*, the more common idiom, is found.—**5. Quicquid:** supply *est*, which is expressed after *gentium* in Prudentius.—**12. Post haec:** in Prudentius *posthac*, No one is to die who is in Christ.—**13.** Ezek. xliv., 1–3. *Porta haec clausa erit: non aperietur et vir non transibit per eam, quoniam Deus Dominus Israel ingressus est per eam.* This passage was understood of the womb of the Virgin Mary.—**14.** Luke i., 28. *Ave gratia plena.*—**15.** Compare Hymn IV., line 10, page 12:

> "His beauteous portal, full of grace,
> Is hallowed for the King to pass.
> The King doth pass; the folded door
> Abideth folded as before."—SCHAFF.

—**18. Processit aula:** so *procedit aula*, on page 12, IV., 13, 14.—**20. Gigas:** see note on Hymn IV., 15, p. 227.—**25.** Dan. ii., 34; Isaiah xxviii., 16; Eph. ii., 20; 1 Cor. iii., 11; 1 Peter ii., 4, 6, 7.—**33.** Isaiah xlv., 8. Rorata, coeli, desuper, et nubes pluant justum; aperiatur terra et germinet salvatorem.—**39. Ut,** in such a manner that.—**42.** Compare Hymn IV., 1, p. 12.—**43.** Compare Sedulius, page 59, lines 7, 8:

> "Ut carne carnem liberans
> Ne perderet quos condidit."

—**45.** Similar expressions are in Damasus, Fortunatus, and elsewhere.—**50. Deumque:** *genuit ante tempora, Deumque genuit.*—**53.** Supply *venit.*

IV. AUGUSTINIANI.

Life.—ST. AUGUSTINE, Aurelius Augustinus, was born at Tagasta, Numidia, November 13, 354. His mother, Monica, gave him most careful Christian nurture. In 384 he became professor of rhetoric and philosophy at Milan. He was leading a wild life when arrested by the sermons of Ambrose and captivated by the views of Paul, 386. He was made bishop of Hippo, Africa, in 396, and there he died, August 28, 430, then and ever since the most illustrious Latin father of the Church. His exposition against Pelagius of Paul on justification by faith, showing that God's free grace is all in all, has approved itself to most thinkers of the same class, and been a controlling power in creeds and over human thought. Passion, imagination, and reason were all at their best in him; but the painters' symbol for him is a flaming heart. Of his many works, "The Confessions"—his autobiography—is most read, "The City of God" most praised.

He was profoundly moved by the hymns of Ambrose, and has recorded his feelings and reflections on them in several places:

"Quantum flevi in hymnis et canticis tuis, suave sonantis ecclesiae tuae vocibus commotus acriter! Voces illae influebant auribus meis, et eliquabatur veritas tua in cor meum, et exaestuabat inde adfectus pietatis; et currebant lacrimae, et bene mihi erat cum eis."—*Confessiones*, ix., 6.

Reference has been made in the Notes, on page 225, to his recalling verses of Ambrose on the morning after his mother's burial. Confessiones, ix., 12.

His delight in the music of the hymns is so intense that he fears that it is sinful:

"Verum tamen cum reminiscor lacrimas meas, quas fudi ad cantus ecclesiae tuae in primordiis recuperatae fidei meae, et nunc ipso quod moveor non cantu, sed rebus quae cantantur, cum liquida voce et convenientissima modulatione cantantur, magnam instituti huius utilitatem rursus agnosco."—*Confessiones*, x., 33.

He had made Latin verses in his youth. Mention has been made of the tradition connecting him with the Te Deum (page 231). A number of hymns have borne his name, but it is now believed that none were composed by him. Three are here given as *Augustiniani*, from Daniel's Thesaurus and elsewhere, which are based on passages from him, and have been long associated with him.

Hymn I.

In Daniel's Thesaurus, 1, 116; Mone, 1, 422; Trench, Sacred Latin Poetry, p. 315; Augustini Opera, Bened. ed., vi., 117 (Appendix); Translations by Sylvester, p. 1114; Mrs. Charles's Christian Life in Song, p. 191.

It was long confidently ascribed to Augustine, chiefly from its being in a book called "Meditationes," a large part of which was known to be his, and all of it thought to be. It is now known to be made up of extracts from Anselm, Gregory, and others. Trench says, "The hymn is Damiani's, and quite the noblest he has left us." Mone thinks the writer unknown, about 100 years later than Augustine.

Theme. The glory and joys of Paradise.

Line 1. *Sitivit* anima mea ad Deum fortem vivum. Psalm xli., 3. Apud te est fons vitae. Psalm xxxv., 10. Fons aquae salientis in vitam aeternam. John iv., 14. Compare Rev. xxi., 6; Psalm cxlii., 6.—**2. Clausa,** "Here in the body pent." Romans vii., 23, 24.—**3. Exul frui patria.** Hebrews xi., 13, 14.—**5. Dum deliquit,** when it (the soul) sinned.—**6.** Conversely:

> "Infelicissimum genus est infortunii fuisse felicem."
> BOETHIUS, *De Con.*, II.

> "Nessum maggior dolore
> Che ricordarsi del tempo felice
> Nella miseria."—DANTE, *Inferno*, V., 121.

> "That a sorrow's crown of sorrow is remembering happier things."
> TENNYSON, *Locksley Hall.*

—**7-9.** Rev. xxi., 21.—**10, 11.** Rev. xxi., 19-21.—**12. Lues,** *soiled snow-water.* Kehrein, Daniel, Trench, Lexicons. Rev. xxi., 27.—**13. Aestas.** Rev. vii., 16; Psalm cxx., 6; and elsewhere. The absence of cold is not so much mentioned. It has pleasant associations in Palestine.—**13-21.** This is the poet's expansion of the beauty of the perpetual spring which he finds implied in Rev. xxi., 23; xxii., 5: "Civitas non eget sole neque luna, . . . lucerna eius est Agnus." "Et nox non erit." This dwelling on the beauties of nature is characteristic of Christian authors. The heathen show no sense of it. Humboldt, Cosmos, II., i.—**22. Velut sol:** Matthew xiii., 43.—**28-31. Mutabilibus:** some read *mortalibus his;* ablative of separation after *exuti.* A. and G., 54, 1:

"Putting off their mortal vesture, in the Source their souls they steep—
Truth by actual vision learning, on its forms their gaze they keep—
Drinking from the living Fountain draughts of living waters deep."
Mrs. CHARLES.

—**33. Sanis:** a general description, not a partitive; not *from those among them who are well*, but *from them all, the well.*—**34. Esse,** object of *tenent.* Illa civitas sempiterna est, ibi nullus oritur, quia nullus moritur. Augustine, De Civit. Dei, v., 16.—**36.** 1 Cor. xv., 54; 2 Cor. v., 4.—**37. Scientem cuncta:** Illam sanctam civitatem de visione omnipotentis Dei plena scientia perficit. Gregory, Hom. in Ev., ii., 34, 8.—**Nescire nequeunt:** two negatives strengthen the negation, as frequently in late Latin.—**41. Caritas,** etc. *Love makes this his (characteristic) that, when he loves another, the peculiarity of each thus becomes a common possession of all.* Others read more simply: *Caritas hoc facit suum quod amat in altero.*—**43. Ubi corpus:** the language is drawn from Matthew xxiv., 28, which the author and the early fathers understand to mean, *Where Christ is, there his servants will gather as certainly as the eagles gather to their prey.*—**45. Utriusque patriae,** heaven and earth. Coelestis Ierusalem cives sunt omnes sanctificati homines, qui fuerunt et qui sunt et qui futuri sunt, et omnes sanctificati spiritus etiam, quicumque in excelsis coelorum partibus pia devotione obtemperant Deo. Augustine, De Catech. Rud., p. 36.—**51. Quem** has *regi* for its antecedent.—**58. Probes:** others *praebe.*

HYMN II.

From Königsfeld, Lat. Hymnen und Gesänge, 1, 32. It may pass as a companion-piece of the former hymn, a treatment of the same subject by a later and weaker and more fanciful poet. It presents no difficulties.

HYMN III.

From Königsfeld, Lat. Hymnen und Gesänge, 1, 36. Like Hymn II., it is late, and Augustinian only by turning on a thought of Augustine, and catching some fire from "the flaming heart."

V. PRUDENTIUS.

Life.—Aurelius Clemens Prudentius was born in Spain, 348, perhaps in Saragossa. He received a liberal education, practiced as a pleader, filled important judicial posts in two cities not named, and received a high military appointment at court, when, in his fifty-seventh year, he determined to dedicate what remained of his life to the earnest service of God. Thus much we learn from an autobiography in verse prefixed to his poems. It contains also a catalogue of his poems, and this is about all we know of his life. His fame is great. Barth speaks of him as "Poeta eximius—eruditissimus et sanctissimus scriptor—nemo divinius de rebus Christianis unquam scripsit." Bentley calls him "the Horace and Virgil of the Christians" (Trench, p. 119, 120). He speaks out freely in the living Latin of the time. Most of his hymns are taken from the poems called "Cathemerinon," i. e., "Diurnorum," "of *daily* acts and seasons." There are twelve of them: 1. For cock-crow; 2. For morning; 3. Before meat; 4. After meat; 5. At the lighting of lamps; 6. Before sleep; 7. Fasting; 8. After fast; 9. Every hour; 10. At burial; 11. January; 12. The Epiphany. Other poems are his "Apotheosis," "Hamartigenia," "Psychomachia," and "Peristephanon." An excellent edition is that of A. Dressel, Lipsiæ, 1860.

Hymn I.

Daniel, 1, 122; Wackernagel, 1, 34, 36. Translations: Schaff, Christ in Song, p. 43; The Hymnal Noted, No. 32; Hymns, Ancient and Modern, No. 46. Three ancient German versions are given in Wackernagel. It is compiled from the ninth hymn of the Cathemerinon, entitled "Hymnus ad omnes horas," and celebrating the birth, passion, resurrection, and glorification of Christ. These verses on the nativity are used as a separate hymn. The first stanza of the original poem is here prefixed to the hymn. Aur. Prud. Clem. Carmina, ed. Dressel, p. 52.

Theme. The birth of Christ.

Line 1. Puer, the servant, who should bring the lyre.—**Choreis,** *chorees*, or *trochees*, the feet in which the poem is written.—**5, 6.**

Camoena pangat, let our muse frame, i. e., sing, him alone. This introduction is like the older Greek lyric poets. To each stanza is added in the hymn as used "*Saeculorum saeculis,*" taken from the last stanza.—**7.** Psalm xliv., 2, *eructavit cor meum Verbum bonum,* was with the fathers a palmary passage on the eternal generation of the Son.—**9.** Rev. xxi., 6.—**16. Protoplasti:** others *primoplasti,* Adam; genitive after *germine.*—**25-27. Altitudo, angelus, vertutis,** are all in Romans viii., 38, 39, *height, angels, powers;* for *powers,* see also Coloss. i., 16.—**31. Vates** *concinebant,* Acts x., 43. —*Quem,* has for its antecedent the subject of *emicat.*—**36-48.** Psalm cxlviii. A doxology not by Prudentius is added to the hymn, and translated in Schaff and elsewhere:

"Tibi Christe sit cum Patre Hagioque Pneumate
Hymnus, melos, laus perennis, gratiarum actio,
Honor, virtus, victoria, regnum aeternaliter
Saeculorum saeculis."

HYMN II.

Daniel, 1, 137; Wackernagel, 1, 40; Trench (a different selection of stanzas), p. 281. Translations by Mrs. Charles, Christian Life in Song, p. 110; Schaff, Christ in Song, two translations, p. 635, 638; Miss Catharine Winkworth in Bunsen's Gesangbuch, No. 288; and many in German. It is made up from the tenth Cathemerinon, which is a noble hymn of forty-four stanzas, *ad exequias defuncti* (Prud. Carmina, ed. Dressel, p. 58). The common stanzas are the 31, 15, 10, 11, 12–36; to which are here added 37–42, 44. Barth calls this poem "*plane divinum;*" Trench calls it "*the crowning glory of the poetry of Prudentius;*" it reminds Dr. Schaff "of the worship in the catacombs, whose gloom was lit up with the hope of a glorious resurrection in Christ." It became in the sixteenth century a favorite funeral hymn in Protestant Germany:

"Hort auf mit Trauern und Klagen."

Theme. The resurrection of those who die in Christ.

Line 5. Quid sibi *saxa volunt,* what do the rocks wish for themselves=what do they mean? **9. Corpus,** subject of *restat.*—**11. Ut,** etc., *that it may regain combinations of exalted sense,* i. e., be again united to the body, and with improved organs of sense.—

16. Gestet, will move. Verses 9–20 are omitted by Trench, and are commented on by Schaff as rather materialistic. "Paul teaches the resurrection of the body, not of the flesh (1 Cor. xv., 50). Lazarus was raised in the flesh, but to die again; the resurrection body will be immortal." Schaff, p. 635.—**27. Sequestro:** so Tertullian de Resurrect.: *corpora . . . mausoleis et monumentis sequestrantur.*—**28. Generosa,** of a noble kind.—**31. Istis,** these ruins.—**32. Christo:** ablative of source, preposition omitted.—**34. Ille fictor et auctor,** Christ.—**36.** *Propriique* **aenigmata** *vultus:* Videmus nunc per speculum in *aenigmate*, 1 Cor. xiii., 12:

"Man is God's image; but a poor man is
Christ's stamp to boot."—GEORGE HERBERT.

Aenigmata, as hints of the invisible and unknown.—**39. Patefacta** agrees with *tu, terra;* it is necessary that you, opened, restore the form, etc. With lines 33–48 compare the last chapters of Tertullian, *De Resurrectione Carnis.*—**41. Cariosa** vetustas. Ovid, Amor., 1, 12, 29.—**53. Senis sancti,** Abraham.—**54. Eleazar,** Lazarus: so Tertullian calls the Lazarus of Luke *Eleazar*, taking the two names to be the same, as they probably were. Luke xvi., 22.—**60.** Luke xxiii., 43.—**65.** It was a heathen custom to grace the dead with flowers and odors: "*Manibus date lilia plenis.*" Æn., vi., 884. The earlier Christians did not do it (Justin Martyr, Apol., II.), but in the time of Jerome the custom was common. Hieron., Ep., xxvi., ad Pammach.: *Ceteri mariti super tumulos coniugum spargunt violas, rosas, lilia.*

HYMN III.

Daniel, 1, 119; Wackernagel, 1, 26; Breviarium Romanum. Translation in Hymns of the Ages, p. 14. It is made up of stanzas 1, 2, 21, 25 of the first hymn of the Cathemerinon, which consists of twenty-five stanzas *Ad gallicantum.* Prud. Carmina, ed. Dressel, p. 4.

Theme. Cock-crow. Compare the first hymn of Ambrose, p. 8.

Line 1. Diei nuntius, *praeco diei.* Ambrose, p. 8, I., 5, and see notes on p. 224. A lively canticle, telling all about the bird of dawn, is to be found in Neale's Mediæval Hymns, p. 194:

"Multi sunt presbyteri," etc.

Cock-crow was the fourth or last watch of the night, three hours, by the Roman reckoning; but the Christians reckoned it from dawn to sunrise.—**6.** The beds are called *aegros*, *soporos*, *desides*, as producers of sickness, sleepiness, sloth.—**10. Flentes,** crying, groaning:

> "All Solomon's sea of brass and world of stone
> Is not so dear to thee as one good groan."
>
> GEORGE HERBERT.

HYMN IV.

Daniel, 1, 124; Wackernagel, 1, 43; Trench, p. 121. Translations: Schaff, Christ in Song, p. 107; J. M. Neale, and others. It is put together from the twelfth hymn of the Cathemerinon on the Epiphany, but has been long current in the Church, though with varying verses. The version used by Trench is much patched. Prud. Carmina, ed. Dressel, p. 71.

Theme. The infant martyrs of Bethlehem. Matt. ii., 16.

Line 1. Flores Martyrum: "Iure dicuntur *martyrum flores*, quos in medio frigore infidelitatis exortos, velut primas erumpentis Ecclesiae gemmas, quaedam persecutionis pruina decoxit." Augustine, Serm. 220; (Appendix), Trench, p. 121.—**18. Solus integer** agree with *partus*.—**19. Nurus:** acc. plural.—**24. Receptor** *civium*, liberator, as taking them to himself from servitude. A doxology not by Prudentius is added and translated in Schaff.

HYMN V.

Daniel, 1, 121; Wackernagel, 1, 28; the Breviaries; and elsewhere. Translation in Hymns of the Ages, p. 16. It is made up of parts of the second hymn of the Cathemerinon, the first stanza pieced from 7, 1+24, 1, 2, 4, the others are 25, 26, 27. Prud. Carmina, ed. Dressel, p. 9.

Theme. The Christian to walk honestly as in the day. Romans xiii., 12, 13.

HYMN VI.

Daniel, 1, 127; Wackernagel, 1, 43. Translations in Mrs. Charles's Christian Life in Song, p. 98; Schaff's Christ in Song, p. 113. It is made up from stanzas 20, 2, 16, 18 of the twelfth of the Cathemerinon. Prud. Carmina, ed. Dressel, p. 71.

Theme. The Epiphany. Compare Hymn IX. of Ambrose, and notes on p. 229, 230.

Line 1. Sola maior Bethlem, *sole greater city of great cities*, i. e., greater beyond compare than any of the great cities. *Bethlem* for *Bethlehem*, *Bethleem* (Βηθλεέμ), is common in the hymns.—**2. Contigit** has *gignere* for its subject.—**3. Coelitus,** the Saviour (sent) from heaven.—**5, 6.** This description of the brightness of the star is found in other ancient writers: *'Αστὴρ ἐν οὐρανῷ ἔλαμψεν ὑπὲρ πάντας τοὺς ἀστέρας . . . Τὰ δὲ λοιπὰ πάντα ἄστρα, ἅμα ἡλίῳ καὶ σελήνῃ, χορὸς ἐγένετο τῷ ἀστέρι· αὐτὸς δὲ ἦν ὑπερβάλλων τὸ φῶς αὐτοῦ ὕπερ πάντα.* Epist. Ignatii ad Eph., 19.—**9. Videre:** perfect tense.—**11. Votis:** ablative of accompaniment.—**12. Thus,** etc.: "Chaldaea gens dat munera, regi divitias, thura Deo, myrrhamque sepulcro." Hieron., Ad., Matt. i., 2. So Augustine: *Aurum solvitur, quasi regi magno; thus immolatur, ut Deo; myrrha praebitur tanquam pro salute omnium morituro.*—**17.** The doxology is not by Prudentius.

VI. SEDULIUS.

Life.—Probably a Scot from Ireland, who left his native country for love of learning, Sedulius was a priest in Italy, in the fifth century, under Theodosius the Great. Exact dates are wanting. He is described as an eminent poet, orator, and divine—perhaps a bishop. He has left a paschal poem on the miracles of Christ, and other pious compositions. The Latin Church uses several of his hymns in their public service.

Hymn I.

Daniel, 1, 143; Wackernagel, 1, 46; in the Breviaries, and elsewhere. Beda ascribes it to Sedulius. There are many ancient German versions, one by Luther. An English translation is found in Schaff, Christ in Song, p. 45. It is the first part of an abecedary of twenty-three verses, *totam vitam Christi continens.*

Theme. The birth of Christ.

Lines 1-4. Borrowed for the last of the *Ambrosiani.* See page 42, and the note.—**5. Auctor saeculi:** Hebrews i., 2; *filio* per quem fecit et saeculum.—**6.** "Corporis formam caduci membra morti obnoxia induit ne gens periret primoplasti ex germine." Prud., Cathemerinon, ix., 16.—**9.** Luke i., 34.—**16.** "Deus per angelum loquebatur et virgo auribus impraegnabatur." Augustine. Compare Hymn IV. of Ambrose, p. 12.—**20.** Luke i., 44.—**21. Foeno** *iacere:* the hay and the manger greatly move the early Christians. Daniel quotes from several, and as follows from I. Neunhertzius: "Ach allzuhartes Nest! liegt Iesus in der Krippen? ach, wär' ich da gewest, das wuenschen Herz und Lippen: Wie hätt' es mich geschmerzt, das man dich so veracht; ich hätte dich geherzt und dir mein Bett gebracht."—**24. Nec ales,** *not a sparrow.* Luke xii., 6.—**28.** John x., 14; 1 Peter v., 4; Heb. xiii., 20.

Hymn II.

Daniel, 1, 147; Wackernagel, 1, 46; J. H. Newman, Hymni Ecclesiae, p. 252; Breviaries; and elsewhere. There are ancient German translations—one by Luther: "Was fürchst du Feind Herodes sehr;" an English translation in Mant's Ancient Hymns, p. 77. It is a continuation of the former hymn.

Theme. The Epiphany. Matthew ii.

Line 1. Herodes: The Roman Breviary, followed by many editors, has *Crudelis Herodes*, not caring for the *H.* of the abecedary.—**3.** John xviii., 36.—**4.** Luke xxii., 29, 30.—**7. Lumen,** Christ; *lumine*, the star.—**8.** See p. 58, VI., 13, and note.—**9. Caterva** is **Katerva** in the abecedary. This stanza is not used in the Church service. *Personat*, cries aloud. Matt. ii., 18. **13. Lavacra puri gurgitis:** Matt. iii., 16.—**17-20.** This stanza is not in the Roman Breviary. *Sanans.* Matt. iv., 23. *Resuscitans.* Luke vii., 12; John xi., 43.—**21.** John ii., 6–11. Chrysostom says that many draw water on the night of the Epiphany and keep it to use through the year. The Egyptians and Ethiopians say the Nile water has a flavor of wine on this night; and such beliefs are widespread about other rivers and springs. For the German fountains of this kind, see Grimm's "Deutsche Mythologie," p. 328.

Hymn III.

Sedulii Opera, 2, 63; Königsfeld, Lateinische Hymnen und Gesänge, 2, 62. It is a common introduction (introit) on the days of special services in honor of the Virgin Mary. The meter is not common in the hymns.

Theme. Salutation of the Mother of Christ.

Line 1. Enixa puerpera: compare the first line on page 60.—**4. Quae** (*parens*), the subject of *visa est.*—**6. Primam similem:** object of *habere.*—**9. Terrena:** object of *petisti.*

VII. ELPIS.

Life.—Elpis, a Sicilian, was born about 460, and was early married to Boethius, one of the most illustrious Romans of his age—470–525. She was a woman of great learning, wit, and beauty, and the author of the hymns used by the Church on the festival of St. Peter and St. Paul. She bore her husband two sons, eminent Romans. After her death Boethius married Rusticiana, the most accomplished of all the Roman ladies. Such was the current account of Elpis, but it is now pronounced baseless. See under *Boethius* in Smith's Classical Dictionary. Of the author of the hymns, therefore, we know nothing.

Hymn I.

Daniel, 1, 156; Mone, 3, 90; Wackernagel, 1, 59. It is ascribed to Elpis by all the old editors. Mone doubts whether she would write accentual meter, since her husband uses only the quantitative verse of the old poetry.

Theme. The feast-day of the apostles Peter and Paul.

Line 1. Note the uniform caesura after the fifth syllable, which gives to the first half line an iambic, to the second a trochaic cadence. The hemistichs are sometimes printed as separate lines. **Lux lucis:** genitive of eminence. M., 312, e. *Lux* (vocative), God.—**3. Martyrio:** ablative of cause.—**5. Ianitor coeli:** Matt. xvi., 19; Peter is called *claviger* later.—**Doctor,** Paul.—**6.** Note the difference between *saeculum* and *mundus.*—**7.** *Ὁ μὲν τῷ σταυρῷ προσηλωθεὶς πρὸς οὐρανὸν τὴν πορείαν εποιήσατο, ὁ δὲ τῷ ξίφει ἀποτμηθεὶς πρὸς τὸν σωτῆρα ἐκδημήσας μακαρίζεται,* Greek service for June 29; Eusebius, Ec. Hist., ii., 25. Paul was a Roman citizen, not to be crucified.—**8. Vitae senatum** *possidere* is *to have a seat in the senate of life.* The Greek expression for it is, *become citizens of the* *new Jerusalem, the kingdom of life.*—**12. Qui:** others *qua.* *Claudis, aperis;* conjunction omitted, as so often in English.—**13.** So in the Greek service Paul is called Παῦλε ϑεσπέσιε, τῶν ἁγίων ἐκκλησιῶν ὁ ῥήτωρ.—**14. Polum:** supply *ad*, to bear us to heaven in mind, i. e., give us heaven by faith.—**15.** Till that which is perfect shall be bestowed. Note the unusual passive sense of *largiatur.* The passage is based on *cum autem venerit quod perfectum est, evacuabitur quod ex parte est.* 1 Cor. xiii., 10.—**17. Binae olivae:** Rev. xi., 4, often elsewhere applied to these apostles. *Charity*, love, is denoted by the *fruit of the olive.* Augustine on John vi., 20. So is interpreted the *pouring in oil* by the Good Samaritan. Luke x., 34. For the value of the olive, remember the story of the naming of Athens. Compare Psalm lii., 8: *Ego autem sicut oliva fructifera in domo Dei.* The orange, bearing fruit and flowers at once, has displaced the olive in our associations:

"Oh, that I were an orange-tree,
That busy plant!
Then should I ever laden be,
And never want
Some fruit for him that dressed me."

GEORGE HERBERT.

—**18. Devotos,** the subject of *vivere.*—**21-24.** This stanza was added in the Roman Breviary by order of Pius V.

VIII. FORTUNATUS.

Life.—VENANTIUS HONORIUS CLEMENTIANUS FORTUNATUS was born in the district of Treviso, Italy, 530. He spent his early life in literary idleness, and much of his later life in the same way, "among the last of the Latin verse-writers, or among the first of the troubadours." On the invasion of the Lombards he left Italy, and wandered from castle to cloister in Gaul. Queen Rhadegunda induced him to settle at Poictiers, and here he was consecrated a priest, and became bishop (595?); and here he died (609?). What we know of his outer life is in strong contrast with the hymns here given. Mrs. Charles suggests a comparison with Cowper. See Christian Life in Song, p. 129. Editions of his works are *Opera Omnia*, Romae, 1786; *Carminum, epistolarum, expositionum libri XI.*, etc.; Notis variis a R. P. Christophoro Browero, Moguntiae, 1617.

Hymn I.

Daniel, 1, 163; Wackernagel, 1, 61, 62. Translations into old German; into English by Mrs. Charles, Christian Life in Song, p. 133; Schaff, Christ in Song, p. 155; Neale, Mediaeval Hymns, p. 1. Daniel ranks it *in numero pulcherrimorum.* Schaff agrees. Fortunatus introduced stanzas of trochaic tetrameter, afterward a favorite measure in the hymns.

Copies often begin with line 22, " Crux fidelis," etc.

Theme. The Passion.

Line 1. Pange proelium, *frame*, i. e., sing *the battle;* the theme is put for the song, as often elsewhere. See p. 51, line 6. This opening has been imitated in other hymns, notably in the famous eucharistic hymn of Thomas Aquinas:

> " Pange, lingua, gloriosi corporis mysterium."—(See p. 168.)

Certaminis: conflict between Christ and Satan, of glorious issue. Gen. iii., 15.—**2. Super** governs the ablative of the theme of discourse. H., 435, 2; A. and G., 56, 1, d.—**4. Factor,** *the Maker*, Christ.—**5. In mortem corruit:** the subject is *parens* understood. **6.** The legend here alluded to is thus related by Mrs. Charles: " When Adam died, Seth obtained from the guardian cherubim of Paradise a branch of the tree from which Eve ate the forbidden fruit. This he planted on Golgotha, called the place of a skull, because Adam was buried there. From this tree, as the ages rolled on, were made the ark of the testimony, the pole on which the brazen serpent was lifted up, and other instruments; and from its wood, at length, then growing old and hard, was made the cross."—**8. Ars,** the art of Christ: **artem** *proditoris.*—**9. Medelam** *ferret* agrees with *ars:* ξύλω ἔδει τὸ ξύλον ἰάσασθει, Service for September 14. The language is drawn from surgical superstitions, every where common among the unscientific.—**10.** " Ubi venit plenitudo temporis, misit Deus Filium suum factum ex muliere." Galat., iv., 4.—**11. Arce,** heaven; compare *Arx* *firma Deus noster est*, p. 211.—**12. Caro factus,** John i., 14.—**13. Conditus** for *positus*, which some copies have: *conditus* is suggested by *conditor:* the poet plays with the sound and sense, like Shakespeare. *Praesepia*, the manger.—**15. Fascia:** subject; *pedes manusque crura*, feet, hands, and legs.—**16. Lustra sex,** Luke iii., 23, acc. of time how long; the time necessary for the growth of the body.—**19.** Supply *sunt*.—**24. Dulci clavo:** others *dulces clavos*.—**25. Viscera,** fibres.—**28. Pretium saeculi,** the ransom of the world.—**30. Quem,** mundus. Some see an allusion to Noah's ark in this verse, but Augustine gives it another turn: "Mare transeundum est, et lignum contemnis? quia lignum humilitatis eius tibi necessarium erat; superbia enim tumueras et longe ab illa patria rejectus eras, et fluctibus huius saeculi interrupta est via, et qua transeatur ad patriam non est, nisi ligno porteris." In Evang., John ii., 4.

HYMN II.

In Daniel, 1, 168; Wackernagel, 1, 60; Trench, p. 130. Translation by Mrs. Charles, Christian Life in Song, p. 130. This is part of a longer poem.

Theme. The holy Cross.

Line 1. Nitet, *gleams*, a beautiful beacon.—**4. Qua,** *where*, introduces the whole clause beginning with the third line. John x., 12.—**8. Paulum:** Acts ix., 5.—**Petrum:** Acts xii., 7.—**10. Nova poma:** an allusion to the *noxiale pomum*, "whose mortal taste brought death into the world." See line 5 of the last hymn.—**11, 12.** Sicut *malus* inter ligna silvarum, etc.; Stipate me *malis*, etc. Canticles ii., 3, 5.—**13, 14.** Per diem sol non uret te, neque luna per noctem. Psalm cxxi., 6.—**15.** Et erit tanquam lignum, quod plantatum est secus decursus aquarum, quod fructum suum dabit in tempore suo. Psalm i., 3.—**17.** The cross is represented by artists as wreathed in a vine, and the figure is truly Biblical, both for the vine and the wine. John xv., 1; Luke xxii., 20.

HYMN III.

In Daniel, 1, 160; Wackernagel, 1, 63; Breviarium Romanum, and elsewhere often. Translations are found in many languages, several in old German; in English by Mrs. Charles, Christian Life in Song, p. 131; J. M. Neale, Mediaeval Hymns, p. 6; and in Schaff,

Christ in Song, p. 159; Edward Caswell, and others. Neale calls it "one of the grandest in the treasury of the Latin Church." It has a place in Randolph's "Seven Great Hymns of the Mediaeval Church," p. 140. It is said to have been composed on the reception by Queen Rhadegunda of a bit of the True Cross, sent to her by the Emperor Justin.

Theme. The Cross and Passion.

Line 1. Vexilla regis prodeunt: "Passio Domini venit, et, quia venit, debemus de ipsa aliquid dicere. Dicamus *quod vexilla regis Christi prodeunt.*" Ambrosius. "The banners are the sacraments," say some. Others say, "the emblems of the passion"— "ut flagella, corona spinea, clavi, lancea, quibus antiquum debellavit hostem." Daniel, 1, 62.—**2. Mysterium:** a holy prophetic emblem. See page 230, line 7, note on *mystico.*—**8. Unda et sanguine:** John xix., 34. Many read *unda sanguine,* the same in sense as *sanguis unda profluit.* Hymn I., 20, p. 65.—**11. In nationibus,** etc. Psalm xcvi., 10.—**12. A ligno:** not in our versions or our Hebrew texts. Tertullian (Adv. Marcionem, III.), and elsewhere, refers to it, and Justin Martyr (Contra Tryphonem) accuses the Jews of having erased it from the Hebrew. Daniel, 1, 162.—**12. Purpura,** *purpurâ,* sanguine Christi.—**18. Pretium saeculi:** so in line 28, Hymn I. See note.—**19. Statera corporis,** *the payment of the body* having been made; others read *facta est;* many read *statera saeculi,* the price of the world.—**20. Tartari:** others *Tartaris.*—**22. Saporem nectaris:** others *sapore nectare* for the consonance with *cortice;* construing *in flavor by your nectar.*—**26. Gloria:** the theme of the salutation.—**27. Qua,** *where* life endured death.—**29, 32.** This verse and a doxology used by the Latin Church are not of the time of Fortunatus, but of the later age which began to worship the cross.

Hymn IV.

In Daniel, 1, 169; Wackernagel, 1, 66; Trench, p. 152. Translations, many in oldest German; in English by Mrs. Charles, Christian Life in Song, p. 135; Schaff, Christ in Song, p. 235; and others. It is made up by picking lines from a poem of fifty-six verses, addressed "Ad Felicem episcopum, de paschate resurrectionis Domini." Daniel says: "Ex hoc suavissimo poemate ecclesia decem versus sibi vindicavit." He means *ten lines;* but some copies of the hymn continue the chant for ten stanzas.

Theme. The resurrection of Christ.

Line 1. Festa dies, Easter. *Toto aevo*, through all time, i. e., at any time, during all time. H., 426 ; A. and G., 55, 1 :

> "Salve, laeta dies, meliorque revertere semper,
> A populo rerum digna potente coli."
> OVID, *Fast.*, i., 87, 88.

—**2. Qua,** *on which.*—**4. Renascentis,** in spring.—**5. Omnia dona:** He that spared not his own Son, but delivered him up for us all, how shall he not *with him also freely give us all things.* Romans viii., 32.—**10. Legibus oppressis,** *the laws of death having been put down*, i. e., overcome, done away.—**12. Qua** (*die*), *when.*

IX. EUGENIUS.

Life.—EUGENIUS, called also TOLETANUS, died in 657, having been twelve years archbishop of Toledo. He presided in the ninth and tenth councils of Toledo. Besides his piety and learning, he is known for his poetical talent. He wrote several pious epigrams, and a poem on the Works of the Six Days—"The Hexaëmeron."

THE HYMN.

In Daniel, 1, 190; Königsfeld, Lat. Hymnen und Gesänge, ii., 90; and in the older collections of Cassander, Thomasius, Rambachius, and others. I know of no English translation, and have selected it partly for its meter. It is well worth study for its substantial merits as a simple and terse expression of the wishes and the ideal of a Christian scholar and gentleman of the old time.

Theme. Wishes.

Line 1. Quo: ablative of author and imminent agent.—**Constat:** note the aptness of the word, *stands together.*—**Machina mundi:** an expression of Lucretius (v., 96, 97); but an empty figure to that beautifier of the sect of atheists. "*This goodly frame, the earth.*" Hamlet, ii., 2. So Milton, Par. Lost, viii., 15 :

> "When I behold this *goodly frame, this world,*
> Of heaven and earth *consisting.*"

> "Thine this universal frame,
> Thus wondrous fair; thyself how wondrous then."
>
> *Par. Lost*, v., 154.

And see p. 224, note on line 1 of Hymn I. of Ambrose.—**2.** Other texts read:

> "Quod miser Eugenius posco, tu perfice clemens."

—**3, 4, 5, 6.** Note the order: *sensum*, *ingenium*, *lumen;* and then *fides*, *morum correctio.* The prayer for light of universal manhood, the Christian beatitude: "The pure in heart shall *see* God." —**8. Secreti:** genitive, 399; A. and G., 50, 3, c.—**Famine,** from *famen*, gen. *faminis*, n., speaking, utterance (Dict. Med. Latin), late Latin formed on *for*, *fari*, to speak. It is in the ablative of specification after **cantus.** A. and G., 54, 9. Some read *fulmine.*—**11. Obuncet:** not found in our dictionaries or explained elsewhere. The word *unco*, *-are*, occurs as an onomatope for the roaring of the bear, "Ursus ferus *uncat.*" Auct. Carm. Philom., 51. And that might possibly go with *languor* in its general sense of *disease.* Perhaps the word was suggested by *cruciet—cruciatus*: *cruciet* : : *obuncatus* : *obuncet* : : tormented : torment : : bent : bend; let not disease crook me up.—**13. Iurgia, lites:** others, *iurgia litis.*—**14.** Others, *invidiae luxus.*—**Pensio,** tax.—**21, 22. Vincere et stadium percurrere:** language of the race-course. 1 Cor. ix., 24; Heb. xii., 1.—**Placido passu:** *a step placid*, in the sense of *free from worry.*—**24. Cui,** dative of separation; 385, 4; A. and G., 51, 2, e. g.; partly an attraction of the unexpressed antecedent after *concede.*

X. AUCTOR INCERTUS.

This hymn is as old as the seventh century, since it is quoted by Beda (De Metris). Of the author nothing is known, except that he was probably also author of another hymn of the same rhythm and style—a matin hymn quoted by Beda, beginning:

> "Hymnum dicat turba fratrum, hymnum cantus personet,"

which has sometimes been attributed to Hilarius.

In Daniel, 1, 194; Trench, p. 290. Translations by Mrs. Charles, Christian Life in Song, p. 142; in Schaff, Christ in Song, p. 369. Neale calls it "rugged but grand." Daniel says: "Iuvat carmen fere totum e scriptura sacra depromptum, comparare cum celebratissimo illo extremi iudicii praeconio 'Dies irae, dies illa,' quo maiestate et terroribus, non sancta simplicitate et fide superatur." Neale and Trench also compare it in similar terms with the "Dies Irae," for which see p. 154. It is an abecedary, like Psalm cxix. and Jeremiah.

Theme. The day of Judgment.

Line 1-4. 1 Thess. v., 2; 2 Peter iii., 10.—**5, 6.** Zech. ix., 14; 1 Cor. xv., 52; Matt. xxiv., 31; John v., 25; 1 Thess. iv., 16.—**7, 8.** Matt. xxv., 31.—**9, 10.** Matt. xxiv., 29; Rev. vi., 12–14.—**11, 12.** Dan. vii., 10; Rev. xxi., 1.—**13-33.** Matt. xxv., 31–46.—**34.** Mark ix., 44.—**Morietur:** three syllables.—**35, 36.** Matt. xxv., 30.—**37-40.** Heb. xi., 16; xii., 22.—**41.** XPM = *Christum.* P is Greek for R. X, Greek for Ch, is wanted for the abecedary. Christum is the object of *contemplantur.* Matt. xvi., 27; Rev. xxi., 23; xxii., 4.—**43. Ydri,** i. e., Hydri (ὕδρός), the serpent, Satan. Rev. xii., 9; Gen. iii., 1.—**44, 45.** Matt. xxv., 1–13.

XI. GREGORIUS MAGNUS.

Life.—GREGORY, the first pope of that name, known also as Gregory the Great, was born about 550, of an illustrious family of Rome. He was from childhood devoted to learning and religion. He became prefect of Rome in 573. Upon the death of his father he devoted his immense wealth to the founding of monasteries, and he withdrew from secular life to become head of one of them. He became interested in England by seeing some captives exposed for sale, and induced Pope Pelagius II. to send missionaries to them. On the death of Pelagius, he was made pope, and he governed the Church thirteen years, dying in 604. "Neander speaks of him as the last of the classical doctors of the Church, as forming a point of transition between the old Roman civilization and the new Teutonic literature and civilization." He was a man of action, a vigorous and sagacious organizer of the suffering and distracted Christians, and no less a vehement aggressor for the truth. He wrote much and well. His "Pastorale," setting forth the dangers, duties, and obligations of the pastoral charge—"the art of arts and the science of sciences"—has always been regarded as an "incomparable" book. Popes and councils have commanded it to be frequently read. It was translated by King Alfred into Anglo-Saxon. He reformed the ritual of the Church. His selection and distribution of the Church music, still called the Gregorian, makes his name familiar. There is a growing disposition to attribute to him many of the best of the old Church hymns. For his life and the story of his relations to England, see Aelfric's homily in March's Anglo-Saxon Reader, p. 35.

Hymn I.

In Daniel, 1, 177; Wackernagel, 1, 75; Hymni Ecclesiae, 222; Breviarium Romanum; and elsewhere. Translations in Hymns of the Ages, p. 11; Mant's Ancient Hymns, p. 39.

Theme. Morning Prayer. It is used at the lauds, or daybreak prayers, between matins and prime.

Line 2. Lucis: some read *Lux et.*—**3. Nisibus:** others *viribus.* —**4. Cuncti potentem:** others *omnipotentem.*—**6. Angorem:** the older text reads *languorem.*—**7, 8.** The Breviarium Rom. reads:

"Donet et nobis bona sempiternae
Munera pacis."

Hymn II.

In Daniel, 1, 180; Wackernagel, 1, 74. Translation in Schaff's Christ in Song, p. 696. There are several German versions. Luther held it to be the best of all hymns, but never made a German version. It is to be used at the Lord's Supper.

Theme. The Passion.

Line 3. Placare: passive.—**15. Per probra:** others *perprobra*, infamous, a word not in our dictionaries.—**19, 20. Tradis spiritum,** *you give up the ghost;* a mighty (*potentem*) ghost, or spirit, as shown by the accompanying events. Luke xxiii., 44–46.

Hymn III.

In Daniel, 1, 178; Mone, 1, 95; Wackernagel, 1, 73; Stephenson's Latin Hymns, p. 62; Hymni Ecclesiae, p. 66. Translations in Hymns of the Ages, p. 54; Mant, Ancient Hymns, p. 84.

Theme. Prayer in Lent.

Line 4. Quadragenario, *forty days* before Easter. Matt. iv., 2. —**13. Conteri:** the Latin texts read *contere*, which the Anglo-Saxon translation (Stephenson, p. 62), *beôn tô-bryt*, enables us to recognize as a slip of the pen.—**14. Dona:** a verb.

Hymn IV.

In Daniel, 1, 176; Wackernagel, 1, 71; the Breviaries. Translations in Hymns of the Ages, p. 9; Mant, Ancient Hymns, p. 39.

Theme. Night-watch.

Hymn V.

In Daniel, 1, 235 (one stanza); Königsfeld, Lat. Hymnen und Gesänge, 1, 76. It may not be Gregory's.

Theme. The Epiphany. Matt. ii., 1–12.

Line 8. Dona: appositive with *cultum.* They come to offer festively *fit reverence, mystic gifts;* the *things given* for the *act of giving.* For *mystic*, see p. 230, note on line 5. The Greek service for December 25 has Ἕκαστον τῶν ὑπὸ σοῦ γενομένων κτισμάτων τὴν εὐχαριστιάν σοῦ προσάγει· οἱ ἄγγελου τὸν ὕμνον, οἱ οὐρανοὶ τὸν ἀστέρα, οἱ μάγοι τὰ δῶρα, οἱ ποιμένες τὸ θαῦμα, ἡ γῆ τὸ σπήλαιον, ἡ ἔρημος τὴν φάτνην, ἡμείς δὲ μητέρα παρθένον.—**9. Trocleten** (τρωγλήτην), i. e., *Troglodytidem.*—**9, 10.** See p. 58, Hymn VI., lines 9–12, and the notes.—**Bracteas:** here not specially *thin* plates, as the dictionary says.—**12. Tres,** *the three magi;* their bodies are said to have been brought to Constantinople by the Empress Helena, thence transferred to Milan, thence to Cologne. They are known as "The three kings of Cologne." See *Cologne* in Vocabulary of Names of Fiction, Webster's Dictionary, and p. 183, l. 7, and note.

Hymn VI.

In Daniel, 1, 213; Mone, 1, 241; Wackernagel, 1, 75; and in all collections. Translations in old German, by Luther; and in English by Mrs. Charles, Christian Life in Song, p. 126; and by Dryden, given also in "The Seven Great Hymns;" and others. It has been commonly attributed to Charlemagne, but is plainly older, and is confidently assigned to Gregory by Mone and others. Imitation of Ambrose is found in verses 1 (Ambrose, p. 12), 15,

16 (Ambrose, p. 13, lines 23, 24). This hymn has always been invested with eminent worth and dignity. It was habitually used in solemn and important ceremonies, the coronation of kings, the celebration of synods, the creation of popes, the translation of relics. It was also thought to have the power of a spell to keep off fiends, and to call good spirits. The Church of England, though it has dismissed other hymns, uses this in the ordering of priests and the consecration of bishops. Daniel, p. 214; Trench, p. 184.

Theme. The descent of the Holy Spirit. It is for the day of Pentecost.

Line 5. Paraclitus: Note the metrical accent on the penult, showing scholarly pronunciation; compare line 30 in the added doxology. "Nostis plurimi, quod Graeca locutione *paraclitus* Latina *advocatus* dicitur, quia pro errore deliquentium apud iustitiam Patris intervenit." Greg., Hom. in Ev., ii., 30, 3. For the Biblical uses, see John xiv., 16.—**6. Donum Dei:** Acts ii., 38.—**7. Fons vivus:** John vii., 38, 39; iv., 14.—**Ignis:** Luke xii., 49.—**Caritas:** Rom. v., 5; *unctio*, 1 John ii., 20, 27. "A sancto spiritu *unguendis* mentibus auditorum ea, quae in libris veteribus de Christo dicta sunt, explanatur. Filius olei (Isaiah v., 1) fidelis populus dicitur, qui ad fidem Dei interna Sancti Spiritus *unctione* generatur." Gregory, Moral., 19, 24.—**9.** Gregory (Hom. in Ezech., ii., 6, 7) mentions the seven gifts of the spirit, according to Isaiah xi., 2, 3: *sapientia, intellectus, consilium, fortitudo, scientia, pietas, timor Domini;* hence the old memorial verse:

"Sap., intel., con., for., sci., pi., ti., collige dona."

—**10. Digitus:** si in *digito Dei* ejicio daemonia, Luke xi., 20, was compared with in *Spiritu Dei* ejicio daemonia, Matt. xii., 28; and hence *Spiritus* and *digitus* thought equivalent. Augustine suggests an allusion to the *finger of God* recording the law for Moses. —**11. Promissum:** substantive in the vocative, i. e., *promissio Patris.* Acts i., 4. Others read *promissus*, and most *promisso*, according to the promise.—**12.** Acts ii., 4.—**15, 16.** Ambrose, p. 13; some read *perpeti.*—**27. Te:** object of *credamus*, there is no connective; some read *teque*, others change *te* to *et* without manuscript authority, and without necessity.

XII. BEDA.

Life.—BEDA, "the Venerable Bede," was born near Wearmouth and Yarrow, 673. He went to the abbey when seven years old, and studied there till he died, May 26, 735. He was made deacon at 19, priest at 30, and declined to be abbot, lest he might be hindered in pursuit of learning. He wrote commentaries on the Bible, biographies, history, treatises on natural science, grammar, versification. He was fond of the poetry of his native tongue, and composed verses both in Anglo-Saxon and Latin. His ecclesiastical history abounds in picturesque and lively scenes, some of which have been often rendered into English verse. It was translated into Anglo-Saxon by King Alfred. He was the greatest of Anglo-Saxon scholars, and is one of the great authors of the world. See March's Anglo-Saxon Reader, p. 75.

HYMN I.

In Daniel, 1, 207 (one stanza); Königsfeld, Lat. Hymnen und Gesänge, 2, 112; Beda's Works, ed. Giles, 1, 81. Translations by Dr. Neale, Mediaeval Hymns, p. 15; Mrs. Charles, Christian Life in Song, p. 142, one stanza. The Biblical expressions are skillfully woven together.

Theme. The Slaughter of the Innocents. Matt. ii., 16–18.

Line 6. Quorum angeli, whose angels, i. e., glorified spirits. Compare Rev. vii., 11.—**8.** Observe the first and last line of each stanza. The Elegy of Sedulius has the same arrangement, and so have Damiani, Eugenius Toletanus, and others later.—**9-16.** John xiv., 2.—**15. Donat** *sedibus* (eos), *presents with seats* (those), etc., a frequent construction with *dono*, of which an example should be in the grammars. H., 419, 3; A. and G., 54, 6.—**16-24.** Matt. ii., 18.—**25-32.** Luke xii., 32; John x., 1.—**33-40.** Rev. vii., 17; Psalm cxxvi., 5; Isaiah xxv., 8.—**41-48.** Compare Hymn VI. of Prudentius, on p. 58.—**43. Nato,** Christ.—**49-56.** Rev. vii., 14.

HYMN II.

In Daniel, 1, 206; Königsfeld, Lat. Hymnen und Gesänge, 1, 84; Beda's Works, ed. Giles, 1, 83. Translations by Mrs. Charles, Christian Life in Song, p. 141; in Schaff, Christ in Song, p. 305.

Theme. The Ascension of Christ.

Line 14. Monte chrismatis: Matt. xxviii., 16; Acts x., 38; Heb. i., 9. Let the student search up the other Biblical expressions.

HYMN III.

In Daniel, 1, 208 (one stanza); Trench, p. 217; Beda's Works, ed. Giles, 1, 97.

Theme. The Cross.

Line 15. Quae: thou *who;* the antecedent is implied in *tuis;* so *quae* in line 17.—**21. Gratulor:** the subject is Saint Andrew, the Protoclete, as the Greek Church calls him (John i., 40). See line 29. He is said to have been crucified at Patrae, in Achaia. When he saw his cross at a distance, he cried out: "Hail, precious cross! that hast been consecrated by the body of my Lord, and adorned with his limbs as with rich jewels. I come to thee exulting and glad; receive me with joy into thy arms. O good cross, that hast received beauty from our Lord's limbs, I have ardently loved thee; long have I desired and sought thee; now thou art found by me, and art made ready for my longing soul; receive me into thy arms, taking me from among men, and present me to my Master; that he who redeemed me on thee, may receive me by thee." Acts of St. Andrew; Lives of the Saints, iv., 422. These "ardent breathings," by whomsoever written, kindled a like fervor in St. Bernard and other kindred souls, and the hymn above is but a versification of them.

XIII. PAULUS DIACONUS.

Life.—PAUL, also called WARNEFRID, was born at Friuli, i. e., *Forum Iulii*, about 735. He was educated in the court of the Lombard kings at Pavia. He retired to a monastery, and is sometimes called *Paulus Monachus*, often *Diaconus.* He wrote a valuable history of the Lombards of his own time, and Latin verses. He died about 798.

THE HYMN.

In Daniel, 1, 209; Königsfeld, Lat. Hymnen und Gesänge, 1, 86. The hymn is famous, as having afforded to Guido Aretinus the names of the notes in his musical scale—*ut*, *re*, *mi*, *fa*, *sol*, *la;* the first letters in each verse. The *si* is a later addition, perhaps from the first letters of *Sancte Iohannes*. *Bi*, taken from *labii*, was earlier used, and *ut* has lately been changed to *do*, for mouthing. Weitzius, as given in Daniel, complains of the idolatrous use of the hymn as a charm for recovering the voice, the singers thinking John their God—" tutelaris Deus."

Theme. John the Baptist the giver of utterance.

Line 1, 2. Queant: the subject is *famuli*, thy *servants;* the clause is subordinate, denoting purpose after *solve.*—*Laxis fibris* is intended to express a good condition of voice.—**5, 6. Solve reatum,** *quash the indictment*, relieve the condition. The stanza is usually printed in four lines, three Sapphics and an Adonic.—**8. Nuntius,** ἄγγελος, Luke i., 11; it goes with *Olympo*, as *angelus* with *Sion.*—**10. Patri,** Zacharias.—**13. Seriem gerendae vitae:** the angel announced (*promit*) three things: the birth (*te nasciturum*), the name (*nomen*), and the course of life to be led, in order.—**15-18.** Luke i., 20.—**19-21.** Luke i., 64.—**22-25.** Luke i., 41.—**Obtruso,** *hidden*, lit., *stopped up.*—**Thalamo:** see p. 12, Hymn IV. of Ambrose, line 13.—**26, 27. Uterque parens:** Zacharias and Elizabeth. One was enabled, *meritis nati*, to tell the name of John, the other to recognize Christ.

XIV. ALCUIN.

Life.—Alcuin, A.-Sax. *Alcpine*, was born at York about 735; was noble, a monk, deacon, teacher, author; is best known as the friend of Charlemagne, and the founder of organized learning in France; died 804. He was called *Albinus* for *Alcwinus* (unpronounceable in France); and in the Royal Academy, where the members used fanciful names, he called himself *Flaccus*, from Horace, the king being *David*, Angilbert *Homerus*, and so on. His name is often given Flaccus Albinus Alcuinus. He left many theological works, poems, and letters.

The Hymn.

Königsfeld, Lat. Hymnen und Gesänge, 2, 122. It is given partly for its meter, in which alliteration plays a prominent part, as in the folk poetry of the Anglo-Saxons. See March's Anglo-Saxon Grammar, p. 223–227. But it is a noble hymn; the highest truth, in the tenderest relations, simply and sweetly expressed.

Theme. Man the image of God, the body his temple.

Line 1. *Homo* alliterates with **a***lme*, the *h* being silent, as was frequent in France, occasional in Anglo-Saxon. March, 503, 2, b. **2. P***ectore* alliterates with **p***acis*, **m***ente* with *amore*, a double alliteration in pairs. March, 504, c.—**3. M***odo* : **m***undi*, **p***arva* : **p***ars*, irregularly arranged pairs.—**4. S***ed* : **S***ancte* : : **S***olus*, a perfect line in its alliteration. March, 504.—Supply **quia est,** *but because he alone, Holy One, is a mighty image of thee, Creator.* The starry heavens and the idea of right are the most sublime objects, according to Kant. Of the first, the *mundus*, man is but *parva pars;* in the second, *magna pars*, *solus*.—**6. Pectore,** appositive with *arce*, a repetition of the idea in different words, a most marked trait of Anglo-Saxon style. March, 287, definitive.—**8. O***ra* : **u***tque* alliterate.—**10. Virgo,** *Eulalia*, i. e. Gundrada, cousin of Charlemagne, lily of his court.—**11. Caveto,** *keep* in mouth these pious words.—**12. Tua tempora tota,** *all thy times*, i. e., thee at all times.—**13. Cui,** for Christ.—**Te dirige,** *dress thyself*, keep thyself in order.—**15.** *Sine* : : *fine*, the rhyme answers for alliteration.—**16. Qui,** Christ.—**17. Forma salutis,** *form*, in its old sense; *formal cause;* shaping and completing energy.

XV. THEODULPHUS.

Life.—THEODULPH was probably of German blood, but is said to have been born in Italy or Spain. He was bishop of Orleans, in France, and died there, 821. Of his works, which include many poems, only one hymn has attained fame.

THE HYMN.

In Daniel, 1, 215; Wackernagel, 1, 88; the Breviaries. Translations by Neale, Mediaeval Hymns, p. 23–25. It is said to have been composed at Metz, others say Angers, in prison, and sung from the dungeon window, as the Emperor Louis was passing to the cathedral, on Palm-Sunday. The good bishop was at once set free. It was used in the Protestant Church in the sixteenth century, and it is called *celeber et praeclarus.*

Theme. "They took branches of palm-trees, and went forth to meet him, and cried, Hosanna: blessed is the King of Israel that cometh in the name of the Lord."—John xii., 13; Matt. xxi., 8.

Line 2. Puerile decus, *youthful beauty*, i. e., the most comely youths. Matt. xxi., 15.—**3. Israël,** undeclined; some supply *es.* Other verses were added, unequal to Theodulf's, e. g.:

"Sis pius ascensor tu, nos quoque simus asellus,
Tecum nos capiat urbs veneranda Dei."

"Be Thou, O Lord, the Rider,
And we the little ass;
That to God's Holy City
Together we may pass."

XVI. NOTKERUS VETUSTIOR.

Life.—NOTKER, surnamed *Babulus*, the stammerer, was a learned Benedictine monk of the Monastery of St. Gall, in Switzerland, who died in 912. He is to be distinguished from the younger Notker, also a monk of St. Gall, whose version of the Psalms is so important a monument of Old German. In the old Church service, between the Epistle and the Gospel an *alleluia* was sung, and the last syllable, *-ia*, was prolonged 40, 50, or even 100 notes, to give time for the deacon to go from the altar to the rood-loft, where he sang the Gospel. Notker first put words in place of the prolonged *alleluia.* These were called *Sequences* and *Proses*, because written in rhythmical prose without proper meter.

HYMN I.

In Daniel, 2, 328; Mone, 1, 397; Wackernagel, 1, 94; and elsewhere. This world-famous hymn is said to have been composed while watching the samphire-gatherers on the precipices around St. Gall; perhaps it was in the mind of Shakespeare when he wrote, in his description of the cliffs of Dover:

"Half-way down
Hangs one that gathers samphire; dreadful trade!"
King Lear, iv., 5.

Theme. Death.

Line 1, 2. Media vita in morte sumus, *in the midst of life we are in death*—in the realm of death, temporal and spiritual.

"Unicuique mortalium sub quotidianis vitae huius casibus innumerabiles mortes quodammodo comminantur."—AUGUSTINE, *De Civ. Dei*, 1, 9; MONE, 1, 398.

"Thy root is ever in its grave,
And thou must die."
GEORGE HERBERT.

"Men look on death as lightning, always far
Off or in heaven. They know not it is in
Themselves, a strong and inward tendency,
The soul of every atom, every hair."
FESTUS.

—**9, 10. Amarae morti:** *the sting of death* is sin. 1 Cor. xv., 56; see also the note on **Mors,** p. 229, VIII., 25.

"But, above all, believe it, the sweetest canticle is, 'Nunc dimittis,' when a man hath obtained worthy ends and expectations."—BACON, *Essay on Death*.

HYMN II.

In Daniel, 2, 5; Wackernagel, 1, 69. Translation, or version, by Luther, "Gelobet seist Du, Jesu Christ;" in English, by Schaff, Christ in Song, p. 53. It is used as a sequence after the hymn at cock-crow on Christmas. Wackernagel attributes it to Gregory.

HYMN III.

In Daniel, 2, 3; Wackernagel, 1, 95. It is used as a sequence at the same place in the service as Hymn II.

Theme. Christmas.

Line 4. Maris stella, *Star of the sea*, i. e., the Virgin Mary. This is the earliest use of this name known. It took strong hold of the imagination of the Christian world; see the next hymn.—**Gaudia,** Christ, used like the English *Joy*, for the person who gives joy; see examples in the Lexicon.—**5. Quem,** Christ: the antecedent is *gaudia*, by synesis. H., 445, 5; A. and G., 48, 2, b.—

6. Coluber: Rev. xii., 9.—**7. Ovis:** Luke xv., 4; Matt. xviii., 12. —**9. Drachma:** Luke xv., 8.—**15. Pastor pius:** John x., 11.—**Galeam:** Eph. vi., 17.

XVII. AUCTOR INCERTUS.

The following hymn is ascribed to Fortunatus, (see page 64) by Wackernagel, after Thomasius; Daniel places it in the 6th–9th century, Mone later still.

The Hymn.

In Daniel, 1, 204; Mone, 2, 216; Wackernagel, 1, 67; all the Breviaries. Hymns unnumbered have been made in Latin, German, and other languages, in imitation of it, or on its suggestion. In English, the Evening Hymn of Mrs. Hemans is most familiar. Mrs. Charles gives a prose translation in Christ. Life in Song, p. 207.

Theme. The Virgin Mary.

Line 1. Maris stella: There was a great fondness for making proper names significant in the early Church, and as they knew no Hebrew, they sought the meanings in Latin. They took *Maria* to be from *mare*, the sea. The two leading texts were "congregationes aquarum appellavit *Maria.* Et vidit Deus quod esset bonum," Gen. i., 10; "super *maria* fundavit eum," Psalm xxiii., 2. The Virgin Mary is accordingly *the sea* with many early poets:

"Omnes rivi cursim fluunt,
Et in sinum maris ruunt,
Mare hinc non effluit;
Ad Mariam, tanquam mare,
Peccatores currunt, quare?
Quia nullum respuit,
O, Maria!
Semper dulcis, semper pia."
Auct. Incert., xiv. Cent.

She is also often spoken of as a *star*, the *sun*, the *moon.* The two figures are fused in *stella maris.* "Sicut stella praestat ducatum nautis ut veniant ad portum, ita ducatu virginis Mariae venimus ad portum, i. e., ad Christum." Hilarius, in Daniel, 1, 205.—**4-8.** The comparison of Eve with the Virgin is very common from the time of Irenaeus. Then it was suggested that the name *Eva* was a mystical forerunner of the salutation of Gabriel, by which the virgin was made to conceive. See note on p. 249, line 2: "Deus per angelum," etc. And finally the word of salutation *ave* was interpreted as from *a*, *ab*, and *vae*, woe. The stanza means, "Conceiving Christ by the Ave from the mouth of Gabriel, give us firm peace with God, changing the word *Eva* to *Ave*, the wholesome token of Christ."—**12.** Pray for us.—**13. Matrem,** *mother* of us all, as of John. John xix., 26, 27. —**14. Sumat** agrees with the antecedent of *qui*, Christ.

XVIII. ROBERTUS, REX.

Life.—Robert II., son of Hugh Capet, born 971, succeeded his father on the throne of France, 997. His life is at hand in histories and dictionaries. "Sismondi (Hist. des Français, iv., 98) brings him very vividly before us in all the beauty of his character, and also in all his evident unfitness, a man of gentleness and peace, for contending with the men of iron by whom he was surrounded." Trench, p. 195. He got himself excommunicated by the pope by marrying his second cousin, and had many sore troubles, both domestic and public. He was a composer of music as well as of hymns. He died in 1031.

The Hymn.

In Daniel, 2, 35; Mone, 1, 244; Wackernagel, 1, 105; Trench, p. 196; and in most modern Breviaries and collections. There are also many translations in many languages: in English, by Mrs. Charles, Christian Life in Song, p. 185; Hymns of the Ages, p. 51; the Seven Great Hymns, p. 126. It is often mentioned as next in rank among hymns to the "Dies Irae"—first in "loveliness," as that is first in terror.

Theme. The Holy Spirit, the Comforter.

Line 3. Lucis. See notes on Hymn I., p. 218, 219.—**4. Pater pauperum:** Matt. v., 3.—**8, 9. Dulcis:** "Gustemus saltem, quam suavis est Dominus, quia dedit nobis pignus Spiritum, in quo sentiamus eius dulcedinem et desideremus ipsum vitae fontem, ubi sobria ebrietate inundemur et irrigemur." Augustine, De Agone Christi, 10; Mone, 1, 245.—**17. Nihil:** Trench suggests *quicquid.*—**19. Lava,** *riga:* John iii., 5; Isaiah xliv., 3; xxxv., 6, 7. —**24. Sana:** Luke x., 33, 34.—**25. Da** *septenarium.* See (p. 77, VI., line 9) *Septiformis*, and the note upon it, p. 260.

XIX. PETRUS DAMIANI.

Life.—PETER (PIETRO) DAMIANI was born at Ravenna, 1002. He was the intimate friend of Hildebrand, afterward Pope Gregory VII., and was made by him cardinal-bishop of Ostia, 1057. He was a zealous helper in the reformation of the Church by Hildebrand, whom yet he called *Sanctus Satanas.* He laid down the cardinal's hat, and spent some years of retirement as abbot of Santa Croce d'Abellano before he died, 1072. He wrote much Latin verse, of which the hymn "De Gaudiis Paradisi," given on p. 45, is best known.

HYMN I.

In Daniel, 1, 224; Königsfeld, Lat. Hymnen und Gesänge, 1, 112; Trench, p. 278. Translations by Dr. Neale, Mediaeval Hymns, p. 52; E. C. Benedict, in Schaff's Christ in Song, p. 640. Neale speaks of it as "This awful hymn, the 'Dies Irae' of individual life."

Theme. The Day of Death.

Line 10. Partes, *parties*, companies.—**11. Virtutes:** Romans viii., 38; Coloss. i., 16; a use frequent in the hymns.—**12. Propius,** *nearer* than the other party to the dying man.—**Meritum,** his *desert.*—**23. Lutum:**

"Lord, who hast formed me out of *mud.*"—GEORGE HERBERT.

—**Pervolvitur,** *it welters.*—**24. Ut carcerati:** supply *solvuntur laetabundi*, i. e., rejoice when freed.—**26. Dirae Pestis,** Satan.—**Incursant,** *make raids*, beset the road.—**27. Et diversa,** etc.= Vitii cuiusque, etc., line 30.—**33. Ab pudore,** *from*, i. e., by reason of the disgrace of the enemy.—**36. Dracontēa:** adjective formed from *draco*, and meaning *of* or *belonging to a dragon.* It is in the last edition of White and Riddle's Latin Dict.—**38, 39. His** (spiris).—**42. Ius,** *right*, power.—**43. Pars.** See line 10.—**45.** *Where*

I may enjoy the condition of living with thee for ages. Others read *videndi* for *vivendi: Where by reason of seeing thee, I may enjoy* (thee or life) *for ages.*

Hymn II.

In Daniel, 1, 223; Königsfeld, 2, 150; the Breviarium Romanum. It may interest the student to see how much of this hymn he can find in former hymns. Compare especially the Paschal hymns of Ambrose, XI., XII., p. 33, 34.

Theme. Easter.

Line 37-39. See p. 236, note on line 3 of Hymn XI.—**48. Flamini,** the Spirit. *Flamen* : *flo* :: *Spiritus* : *spiro.*

Hymn III.

In Daniel, 1, 225; Königsfeld, 2, 154.

Theme. Paul.

Line 1. Doctor egregie. See p. 250, 251, notes on the hymn of Elpis, lines 5, 13.—**2.** The Greek service for February 15 has Παῦλος σάλπιγξ Θεία. Chrysostom, De Terrae motu, 9, calls him Λύρα τοῦ πνεύματος. Konrad of Gaming calls Peter and Paul *Binae tubae argenteae.* Mone, 3, 93.

> "Tuba Domini, Paule, maxima,
> De coelestibus dans tonitrua,
> Hostes dissipans, cives aggrega."
>
> Abelard, in Trench, p. 207.

The trumpets of silver were used for calling the assembly (Num. x., 2), and for the heartening of the people against their enemies (Num. x., 9; xxxi., 6).—**3. Nubes:** Qui sunt isti qui ut *nubes* volant? Isaiah lxx., 8. A passage often applied to the apostles. See p. 185, III., 2, and note.—**10.** 2 Cor. xii., 2-4.—**13.** Luke viii., 11.

XX. MARBOD.

Life.—Marbod, born in 1035, of an illustrious family in Anjou, was chosen bishop of Rennes in 1095, and having governed his diocese with admirable prudence for thirty years, died in 1125. He left a large amount of Latin poetry, in great part versified legends of saints. His poem "De Gemmis" was a great favorite in the Middle Ages. It contains the whole rich mythology of the period in regard to precious stones and their virtues. His poems are mostly written in leonine verse, i. e., with a middle rhyme to the end, like Hymn II., but he has some good hexameters. Trench, p. 275.

Poem I.

Hildeberti et Marbodi Opera, p. 1615; Trench, Sacred Latin Poetry, p. 284.

Theme. The resurrection of the dead.

Marbod follows closely Tertullian, De Res. Carnis, 12; De Anima, 43; Trench, p. 284. The poem presents no difficulties. It has been selected partly for its meter.

Poem II.

Hildeberti et Marbodi Opera, p. 1557; Trench, Sacred Latin Poetry, p. 275. Leonine trochaic tetrameters are often printed in two lines, as here.

Theme. A prayer to God-man for pity.

Line 16. Non est tecum, *is not with you*, not in accordance with your character. Note the rhyme, *aequum* : *tecum; qu=c*, i. e., *k; ae=e*.

XXI. HILDEBERTUS TURONENSIS.

Life.—Hildebert was born at Lavardin, in France, in 1057; was a scholar of Berengarius; teacher of theology at Mans; bishop of Mans, 1097; archbishop of Tours (hence called Turonensis), 1125; died in 1134. He was one of the most eminent men of his time for learning and piety, and left many writings, among them more than ten thousand verses. Dr. Neale and Archbishop Trench express the liveliest admiration for a few passages of his poetry.

Hymn I.

Königsfeld, Lat. Hymnen und Gesänge, 2, 174, where also is a translation into German.

Theme. The Christian's love of Christ.

Line 1. Turtur: usually masculine, is here feminine.—**Inane,**

idly, in contrast with the effects of love mentioned in verses 3, 4. —**8. Tenebit** (maritum in memoria). Many poets have celebrated the turtle. Compare:

"I heard a stock-dove sing or say
His homely tale, this very day;
His voice was buried among trees
Yet to be come at by the breeze;
He did not cease; but cooed—and cooed;
And somewhat pensively he wooed;
He sang of love with quiet blending,
Slow to begin and never ending;
Of serious faith and inward glee;
That was the song—the song for me!"

WORDSWORTH.

—**12. Se,** Christo.—(Anima) *replet.*—**17. Inde futurum,** *will come thence.*—**18. Microcosmum,** *mankind*, the little world, in distinction from the *macrocosm.*

HYMN II.

In Trench, Sacred Latin Poetry, p. 323; Hildeberti et Marbodi Opera, p. 1337; Mone, 1, 14 (90 lines); Neale's Hymns on the Joys and Glories of Paradise, p. 27, an extract with a translation; Königsfeld, Lat. Hymnen und Gesänge, 2, 176, an extract with translation. Hugh of St. Victor quotes from it and praises it. Trench reserves it as a "grand close" to his book. "It rises," he says, "in poetical animation, until towards the end it equals the very best productions which Latin Christian poetry any where can boast."

Theme. The Father, the Son, the Holy Ghost, the Trinity, the New Jerusalem.

Line 1. Read Ω by its sound, as we read the letter *O* in English—not by its name, *omega.* Compare p. 51, line 9: "A et Ω cognominatus." Rev. i., 8.—**2. Heli,** i. e., *Eli.* Mark xv., 34; Matt. xxvii., 46. The confusion of *H's* in foreign proper names is great. The letter was slightly sounded or silent in France.—**3. Totum posse,** *to be able to do all.* Supply *est.*—**7.** Supply *qui es.*—**25. Necesse:** used substantively—*necessity* does not change thy being.—**27. Nostrum heri,** *our yesterday* is always *now* to thee.

—**31. Hoc,** i. e., *sempiturno hodierno.*—**34.** Giving form to the elements of the world.—**37.** Heb. i., 3.—**47, 48. Assumptus, consumptus:** "Homo assumptus est a Deo, non in homine consumptus est Deus." Augustine, Ep., 170, 9; Mone, 1, 19.—**50. Carnis veritate** corresponds in construction to *Deitate.*—**55, 56.** "Non potes dicere, si Christus natus fuisset et hominem vere induisset, Deus esse desisset, amittens quod erat, dum assumit quod non erat; periculum enim status sui Deo nullum est." Tertull., De Carne Christi, 3. "Accessit illi homo, non amissus est Deus." Augustine, in Ev. John, 1, 8, 3.—**85. Usiae,** substance (*οὐσία*); *unitatem usiae* is an imitation of ὁμοουσία, and classes Hildebert among the orthodox Homoousians, in distinction from the heretic Homoiousians.—**92.** *Here error is not without harm.*—**99. Nil praetendo,** "*nothing in my hand I bring.*"—**103. Cataplasma:** "Ex Deo et homine factum est *cataplasma*, quod sanaret omnes infirmitates nostras, Spiritu Sancto tanquam pistillo hasce species suaviter in utero Mariae commiscente." Bernard, in Trench, p. 329.—**105.** *Extra portum:* Luke vii., 12. With this allusion to the story of the Widow of Nain, Dr. Neale's extract begins.—**106-112.** John xi., 39-44.—**113-120.** Matt. viii., 26; xiv., 32. Trench thinks that the winds and waves are called *piratae* by a bold personification; he is very anxious to avoid introducing new material in the Scriptural account of Christ's stilling the storm.—**121-128. Ficus:** Luke xiii., 6-9.—**129-138.** Allusion to the lunatic child: Matt. xvii., 14; Mark ix., 22.—**132. Tibi soli:** Matt. xvii., 16. The disciples can not help me.—**137, 138.** Matt. xvii., 21.—**141, 142. Timorem,** etc. He asks for the fear which is the beginning of wisdom, and yet remembers that perfect love casts out fear. 1 John iv., 18. Fear is the needle which introduces the thread of love, suggests Augustine, commenting on this passage of John: *projecto,* absolute; *conjecto* is indic. present.—**157. Motum,** *progress in advancement.* Neale reads *metum:*

> "Wholesome fear in wealth Thou sendest."

—**161, 162.**

> "What I need to know, Thou solvest;
> What I need not, Thou involvest."
>
> NEALE.

—**176. Lignum crucis:** a use of the wood of the cross to be added to those mentioned on p. 252, note to Hymn I., line 6. Trench has omitted two lines:

"Cuius claves lingua Petri,
Cuius cives semper laeti."

—**177. Lapis vivus:** 1 Peter ii., 4, 6.—**178.** Matt. xxii., 2.—**179.** Rev. xxi., 23.—**188.** Matt. xvi., 18.—**190-192.** "O civitas sancta, civitas speciosa, de longinquo te saluto, ad te clamo, te requiro." Augustine, De Spir. et Anim., Trench, p. 332.—**196, 197.** Rev. xxi., 19, 20.

XXII. PETRUS ABAELARDUS.

Life.—PETER (PIERRE) ABELARD was born near Nantes, 1079. He distinguished himself early in the schools of Paris by his mastery of languages and logic. About 1101 he set up a school at Melun, but soon after returned to Paris, and won unrivaled popularity as a teacher and disputant. In 1113 he went to Laon to study divinity with Anselm. He became involved in bitter disputes on questions of philosophy and theology, and had to go back to Paris. There he was more popular than ever. His amour with his pupil Héloise ruined him. After a period of persecutions he died, 1142. He was the most brilliant man of his times—bold, rationalistic, imaginative, conceited, and pugnacious. His poetry, as well as his other writings, was greatly admired; but it is the common judgment of late students of his times that "his life was the shipwreck of genius," and "unserviceable to posterity." It is mainly from his connection with Héloise, a "far nobler and deeper character than he," that he is now known. Hallam, Middle Ages, iv., 377; Trench, p. 206.

HYMN I.

In Edélestand du Méril, Poésies Popul. Lat., 1847, p. 444; Trench, p. 251. It is one of a series on the Works of the Days, like that in the Ambrosiani, p. 36–39. It contains an impressive and practical thought, and the expression is clear and vigorous. There is excellent taste shown in the selection of the meter, and the arrangement of the stanza, with its lengthened final lines, is forcible and pleasing. But, after all, true musical flow is wanting to the rhythm.

Theme. The sky the dome of the poor man's palace.

Line 1. Germina ornarunt: Gen. i., 11, 12.—**2. Luminaria** (ornarunt): Gen. i., 14.—**3.** (Coelum) **depingitur:** Gen. i., 16.—**4. Multus usus,** *many* (a) *use;* so in Anglo-Saxon, *manig man*, in German, and elsewhere; the article *a* appears in the latest Anglo-Saxon, *Layamon*. March's Anglo-Saxon Grammar, 395, 2.—**7. Tuam** agrees with *se*.—**15, 16. Hinc, inde,** *on one side* and *on the other side* of the poor man's grassy bed:

"The stars have us to bed:
Night draws the curtain; which the sun withdraws.
Music and light attend our head."

—**29, 30.**

"For us the winds do blow,
The earth doth rest, heaven move, and fountains flow."

"More servants wait on man
Than he'll take notice of. In every path
He treads down that which doth befriend him,
When sickness makes him pale and wan.
Oh, mighty love! Man is one world, and hath
Another to attend him."

GEORGE HERBERT.

"Plus est pauperi videre coelum stellatum quam diviti tectum inauratum."—AUGUSTINE, in Trench, p. 252.

HYMN II.

In Daniel, 2, 59; Mone, 2, 31; Wackernagel, 1, 116; Königsfeld, Lat. Hymnen und Gesänge, 2, 170. Translations in the oldest German, and so on down to Königsfeld.

Theme. The Annunciation. Luke i., 26.

Line 2-4. "*Ad Mariam Virginem non quilibet angelus, sed Gabriel Archangelus mittitur.*" Gregory, Hom. in Evang., 2, 34, 8. "Non arbitror, hunc angelum de minoribus esse . . . quod ex eius nomine palam intelligi datur, quod interpretatum *fortitudo Dei* dicitur." Bernard, Hom., 1, 2; Mone, 2, 32. For the interpretation of *Gabri-el* as the *strength of God*, see the dictionaries in Cruden's Concordance, Webster, Gesenius's Hebrew Dict., p. 177, 173.—**4. Suum:** others read *suam*, *his own* fortitude, an archangel. *Fortitudo* must be used as a sort of proper name.—**6. Expediat,** *he* (amator hominis) *dispatched.* — **9.** *Praejudicium*, that he may do *injury* to nature, or possibly make an *exception* to nature.—**14. Zyma,** plur. acc. from *Zymum*, leaven; not in the dictionaries. Or sing. undecl. *ζύμη*. 1 Cor. v., 8. Prudentius uses *azymon* for unleavened bread, and *ἄζυμα* as a neuter plural of the adjective *ἄζυμος*, probably gave rise to this *zyma*.—**22. Mundanum principem:** John xii., 31.—**28-30.** The words of the angel to Mary are taken from the Old Testament. He makes their meaning plain.—**32.** Dan. ix., 23.—**33.** Dan. x., 11.—**34.** Judges vi., 12.—**36.** Isaiah vii., 14. Some texts read:

"Virgo, concipies
Magnum Emanuel,
In quo conficiet
Cuncta bonus Pater,
Ut oves liberet."

—**46-50.** Isaiah ix., 6.

XXIII. BERNARDUS CLARAVALLENSIS.

Life.—ST. BERNARD was born 1091, at Fontaine, a castle and lordship of his father, near Dijon, in Burgundy. He was educated for the Church, and became in 1113 a monk of Citeaux, and in 1115 first abbot of Clairvaux. He founded it in a wretched region called the Valley of Wormwood, but it came to be known as *Clara Vallis*, whence *Clarval*, and also CLAIRVAUX. He refused further preferment, but was one of the most influential men in Europe. He prevailed on the French and English kings to recognize Innocent II. as pope, preached the crusade of 1146, put down heresies (notably those of Abelard), and wrote many sermons, epistles, religious treatises, and poems. In eloquence and personal influence he was one of the first of men. He was called *Doctor Mellifluous*. He died in 1153, and was canonized in 1174.

HYMN I.

In Daniel, 2, 359; Mone, 1, 162; Wackernagel, 1, 120; Trench, p. 137. Translation by Mrs. Charles, Christian Life in Song, p. 161. This and the two next pieces are taken from a poem of seven parts, containing nearly four hundred lines, addressed to the members of Christ on the Cross: "Omnia quae omnes divini amoris spirant aestus atque incendia, ut nil possit suavius dulcinsque excogitari." Daniel.

Theme. Christ on the Cross; His Feet.

Line 8. Mundum: others, *nudum.*—**15. Meorum:** others, *tuorum.*—**32. Fixuras:** the wounds of nails.

HYMN II.

In Daniel, 1, 232; Wackernagel, 1, 124; Trench, p. 139. Translations: a famed version in German, by Paul Gerhardt:

"O Haupt voll Blut und Wunden."

In English, by Mrs. Charles, Christian Life in Song, p. 159; Schaff's Christ in Song, p. 162; Alexander, and others. It is the best of the seven passion hymns mentioned at Hymn I.

Theme. The Face of Christ on the Cross.

Line 7. Immutatus: Isaiah lii., 14.—**23.** Judges xiv., 8, 9.—**31, 32.** I should rejoice that I am associated with thy holy passion.—**46. Emigrare:**

"*Emigravit* is the inscription on the tombstone where he lies;
Dead he is not, but *departed.*"
LONGFELLOW.

HYMN III.

Another of the seven passion hymns described at Hymn I. It is in Daniel, 4, 227; Wackernagel, 1, 123. A translation in Schaff's Christ in Song, p. 410.

Theme. The Heart of Christ.

Line 5. Animes: optative; *may you inspire* me that I may speak to you.—**21. Praedilectum,** *much loved; praediligo* appears in the dictionaries of late Latin with this meaning, and **predilection** is in the modern Romanic languages.—**22. Illectum,** *beguiled.*—**35. Quid patitur:** pregnant with a negative; *he suffers nothing.*

Hymn IV.

Bernardi Opera, ed. Ben., ii., 915; Trench, p. 255.

Theme. The Vanity of the World.

Line 1. Omnis homo foenum: Isaiah xl., 6.—**3. Ut quid extolleris,** *how as to any thing are you raised up?* why are you proud?—**5.** Psalm ciii., 15.—**6.** Eccles. iii., 20.—**8. Detrimenta:** playing with the resemblance in sound to **incrementa.**—**10.** Job xiv., 2.—**13.** Sound etymology.—**14.** James iv., 14.—**29.** Galatians vi., 7.

Hymn V.

Königsfeld, Lat. Hymnen und Gesänge, 2, 202, with a German translation. A companion-piece to Hymn IV.

Theme. Vanity of Vanities.

Line 8. Judges xv., 14; Nahum i., 10.

Hymn VI.

In Daniel, 1, 227; Mone, 1, 329; Wackernagel, 1, 117; Trench, p. 246; and elsewhere. The original has in Daniel 200 lines; Trench gives 60, picking and arranging, as do others. The Roman Breviary takes from it three separate hymns, the second beginning with "Iesu, Rex admirabilis," line 25; the third with "Iesu, decus angelicum," line 49. Translations many, beginning with the old German. In English, Mrs. Charles, Christian Life in Song, p. 163; Schaff, Christ in Song, p. 405; Neale, R. Palmer, J. W. Alexander, and others. Schaff describes it as "the sweetest and most evangelical (as the *Dies Irae* is the grandest and the *Stabat Mater* the most pathetic) hymn of the Middle Ages." The stanzas here given are those translated by Mrs. Charles, arranged in her order, with two or three additional stanzas. That the hymn can be made over in so many ways shows a certain fond lingering around the subject, and no steady flight of the imagination.

Theme. Jesus.

Line 1. Supply *est.*—**3, 4.** Supply *est.*—**12. Quid:** a pregnant question. *Thou art unutterable.*—**13. Dulcedo:** Canticles v., 13–16.—**14. Fons vivus:** Jeremiah ii., 13; Zach. xiii., 1; John iv., 10; vii., 38.—**Lumen:** John i., 9.—**21. Cum Maria:** John xx., 1.

—**33. Intus fervet:** Luke xxiv., 32.—**37.** *Hoc, this*, i. e., the statement in the stanza before, not included in this selection, that the love of Jesus is most sweet and most tender:

"Amor Iesu dulcissimus
Et vere suavissimus."

—**42. Bibunt:** "Bibe Christum quia vitis est; bibe Christum, quia petra est quae vomit aquam; bibe Christum, quia fons vitae est; bibe Christum, quia flumen est cuius impetus laetificat civitatem Dei; bibe Christum, quia pax est; bibe Christum, quia flumina de ventre eius fluent aquae vitae; bibe Christum, ut bibas sanguinem quo redemtus es; bibe Christum, ut bibas sermones eius." Ambrose, in Psalm i., § 33; Mone, 1, 332.—**45. Ebriat:** of this *sobria ebrietas*, see note on p. 226, line 1.—**73.** Rev. xxii., 1. —**74.** Rev. xxi., 23.—**78.** Luke xxii., 69.—**81-84.** Rev. v., 9, 10. —**93.** Psalm xxiv., 7.

XXIV. BERNARDUS CLUNIACENSIS.

Life.—Bernard of Clugny, sometimes called Bernard of Morlaix, was a contemporary of St. Bernard, but exact dates are wanting for the events of his life. He was born at Morlaix, in Brittany, of English parents, and was a monk of Clugny under Peter the Venerable (1122–1156). He is known chiefly as the author of the poem from which the following hymn was made.

The Hymn.

In Trench, p. 304. The original poem, "De contemptu Mundi," contains nearly 3000 lines, mostly of bitter satire on the corruptions of the age, but opening with a description of the heavenly land. From this Trench made the poem here presented, by freely canceling and transposing. It was translated freely by Dr. Neale, "The rhythm of Bernard de Morlaix on the Celestial Country," and again in Mediaeval Hymns, p. 68. Some verses of this have gone home to the imagination and affections of Christians, and been introduced into many collections of hymns. In Schaff's Christ in Song there are three hymns from it, p. 642, 645, 647. He says, "This glowing description is the sweetest of all the New Jerusalem hymns of heavenly homesickness which have taken their inspiration from the last two chapters of Revelation." Dr. Neale says that it is "the most lovely, in the same way that the Dies Irae is the most sublime, and the Stabat Mater the most pathetic, of mediaeval poems." The meter is made very difficult by its rhymes, and regular division of the hexameter into three parts, and the author was enabled to master it only, as he believed, by special inspiration.

Part I. The last time. These are the first lines of the poem. They are given, with a translation imitating the rhythm of the original, in The Seven Great Hymns, p. 2, and in Schaff, Christ in Song, p. 643—two translations by Dr. A. Coles and S. W. Duffield:

"These are the latter times, these are not better times;
Let us stand waiting;
Lo! how, with awfulness, He, first in lawfulness,
Comes arbitrating."

Line 3. Terminet: optative subjunctive.

Part II. The heavenly land.

Line 1. Vivitur: impersonal, the subject implied in the verb—*vita vivitur*.—**2. Non-breve-vivere:** the subject of *retribuetur*.—**4. Plenis:** dative for whom.—**9. Syon,** the Church.—**Babylon,** the world.—**13. Hebraeus,** a Jew in deed, one having faith.—**18. Ibi,** in heaven; **hic,** on earth.—**25. Tunc Iacob Israel: Israel** = *Videns Deum* (Augustine); **Lia** (Λείαν), Leah, a laboring Christian; **Rachel,** a contemplative Christian:

"Lia, quae interpretatur *laboriosa*, significat vitam activam, quae est foecunda in fructu boni operis, sed parum videt in luce contemplationis. Rachel, quae interpretatur *visum principium*, designat vitam contemplativam, quae est sterilis foris in opere, sed perspicax in contemplatione. Contendunt ergo contemplatio et actio pro amplexu sapientiae," id est, Christi, sui sponsi.—Hugh of St. Victor: Trench, p. 306.

—**27. O bona patria,** etc. Here begins the second hymn in Schaff.—**Lumina sobria,** *sad eyes*.—**36. Concio coelica:** 1 Peter ii., 5.—**Gemma,** lapis pretiosus. 1 Peter ii., 6. Neale translates:

"Thy saints build up its fabric,
And the Corner-stone is Christ."

—**37. Tu,** *thou* (sea) without shore, *thou* (day) without measure of time, i. e., boundless one in space and time.—**Rivus:** Psalm xlvi., 4; Rev. xxii., 1.—**38. Lapis vivus:** 1 Peter ii., 4.—**43. Tota negotia** (sunt) tonare, (et) conjubilare mala debita (*absent*), etc. —**45. Urbs Syon aurea.** Here begins the third hymn in Schaff, the prime favorite in Neale's rendering:

"Jerusalem the golden,
With milk and honey blest,
Beneath thy contemplation
Sink heart and voice oppress."

—**51. Syon:** undeclined.—**53. Afflua,** from **affluus,** *abounding*, or, as every body now says of every thing, *replete* with tender (grasses). It is in the last edition of White and Riddle's Dictionary. —**59. Debita glorificandis,** *to be bestowed on those to be glorified*, "the accessory of our glorification."—**62. Sorte,** *by condition*, by possession.—**67.** Nemo sustinet retexere (to build up in imagination), nemoque *promere* (to express) ore, quo decore tua moenia (sunt) plena.—**74. Flagro,** *love.*—**75. Meto:** *I reap* to perish, death is my harvest, I deserve to die.—**76. Quod:** conjunction; supply *sum.*—**84. Unctio:** appositive with *gratia.*—**85. David:** undeclined.—**87. Praesta,** *grant.*—**90. Agmine:** see line 54.

XXV. PETRUS VENERABILIS.

Life.—Peter the Venerable was born about 1092, of a noble family of Auvergne, and was in 1122 elected abbot of Clugny, in Burgundy, which made him chief of a reformed branch of the Benedictine order, the "black monks." He caused the Koran to be translated into Latin, that Mohammedanism might be understood and refuted. He received Abelard into his monastery, and brought about a reconciliation between him and St. Bernard. He was probably second only to St. Bernard in general influence. He died in 1156. He left a few poems of some merit and ingenuity. Trench, p. 99.

Hymn I.

In Bibliotheca Cluniacensis, p. 1349; Trench, p. 157. A translation by Mrs. Charles, Christian Life in Song, p. 181. Ingenious rhyming seems to have been a favorite occupation at Clugny. Compare the last hymn of Bernard.

Theme. The Resurrection.

Line 1, 2. Fortior (Christ) *sustulit vim fortis* (Death).—**5.** For the descent of Christ to Hades, see p. 227, note on Hymn IV., line 19, **inferos.** —**15. Illi,** *Satan.*—**17. Qui,** *Satan.* For the thought that Satan destroyed himself in destroying Christ, see p. 229, note on Hymn VIII., line 25.—**21. Die prima,** *on the first day* of the week. John xx., 1.

HYMN II.

In Königsfeld, Lat. Hymnen und Gesänge, 2, 166, with a German translation.

Theme. The Resurrection.

Line 8, 9. Reddita, *restored* by man-and-God, i. e., Christ.—**10. Quam** (vitam) he bore in himself and conferred on thee.—**12. Deposita,** *set aside*, conquered.—**14, 15. Dat locum,** *gives place*, yields the throne to human dust, i. e., to Christ.—**16, 17. Se praeferet vel conferet,** *prefers or compares itself*, is to be thought greater than or equal to this.—**19-24.** *Limus gubernat omnia.*—**22, 23. Summis** *virtutibus contremescentibus.* Compare lines 13, 14, on p. 71.—**25-30.** Genesis iii., 5.—**32. Potuit:** Adam is the subject. This stanza explains the former.—**37.** "Hic, quem horrida sedes habuit, meruit tenere paternum solium per Dei Filium," *He, whom Hades held, deserves heaven.* —**46. Penitus,** *remote.* —**47. Coelitus:** adv. *from heaven.* For the ending *-tus*, see March's Comparative Anglo-Saxon Grammar, p. 36. This word is common (post classic), though not in Andrews's Lexicon.

XXVI. ADAM DE ST. VICTORE.

Life.—ADAM OF ST. VICTOR was born in Britannia, whether Great Britain or Bretagne is not known, nor is the date of his birth. He studied in Paris, and there entered the religious foundation of St. Victor, and died there between 1172 and 1192. Several of his hymns were in early use, but only thirty-seven or thirty-eight were known till M. Gautier examined the manuscripts of the abbey and published 106 hymns (Œuvres Poétiques d'Adam de St. Victor. Paris, 1858). Trench says:

"His profound acquaintance with the whole circle of the theology of his time, and eminently with its exposition of Scripture; the abundant and admirable use, with indeed the drawback already mentioned (too free and curious use), which he makes of it, delivering, as he thus does, his poems from the merely *subjective* cast of those, beautiful as they are, of St. Bernard; the exquisite art and variety with which for the most part his verse is managed and his rhymes disposed; their rich melody, multiplying and ever deepening at the close; the strength which he often concentrates into a single line; his skill in conducting a story; and, most of all, the evident nearness of the things which he celebrates to his own heart of hearts—all these and other excellences render him, as far as my judgment goes, the foremost among the sacred Latin poets of the Middle Ages."—P. 57, 58.

Neale thinks, "*if this estimate have a fault*, it hardly does this wonderful poet justice." Rambach calls him "the Schiller of the Middle Ages." It needs a good deal of peculiar familiarity with poetical pietistic ingenuities to rise to these heights of enthusiasm about him, but, remembering George Herbert, it becomes intelligible. Inexpressible love makes all dallying dear.

Hymn I.

In Mone, 2, 85; Gautier, 1, 10; Trench, p. 111; Neale, Sequentiae, p. 80. "The richest and fullest of the Nativity hymns." Trench.

Theme. The Nativity.

Line 1. "Christus natus non est per conditionem, sed per potestatem." Augustine, De Trin., 3, 26; Mone, 2, 86.—**3. Factura,** *the thing made*, man. So *Factor factus creatura*, p. 104, line 38.—**6. Locus, aetas,** space, time.—**7.** Ὁ ἀχώρητος χωρεῖται. Mone, 2, 87.—**8.** Compare Hildebert, p. 104, lines 45–50.—**11, 12.** Luke ii., 10–13; Matt. iv., 11; Luke xxii., 43; Matt. xxviii., 2.—**13-16.** Luke ii., 14.—**17. Causa,** *the material cause*, the explanation from nature.—**Modus,** *the modal* or *final cause*, the shaping reason. Guilty men are the visible, material cause of the incarnation, the real reason is the will of God, just and kind. "Si veritatem quaeris natura, humanam cognosce materiam, si rationem scrutaris originis, virtutem confitere divinam." Leo, Serm. 22, 2.—**17, 18.** Note the playing with *rei*, and in 21, 22, with *conditur*, *condimentum*. — **22. Pigmentum,** *unguentum*. — **23, 24.** Matt. xxvii., 34; Psalm lxix., 21.—**26-28.** Luke x., 34.—**29-32.** 2 Kings iv., 7-37. See St. Bernard on Elisha as a type of Christ, in Cant. Serm., 15, 16; Mone.—**33. Gigas:** see p. 12, Hymn IV. of Ambrose, line 15, and the note, p. 227.—**35, 36.** Matt. xviii., 13; Luke xv., 3-7.—**38. Orco:** abl. of separation.—**Lapsum pomo,** man. Genesis iii.—**39, 40.** The parable of the ten pieces of silver was interpreted to relate to the nine ranks of angels who were not lost, and the one race of men who were. Luke xv., 7-9.

Hymn II.

In Daniel, 2, 68; Gautier, 1, 82; Trench, p. 153; Königsfeld, Lat. Hymnen und Gesänge, 1, 134, with translation into German. Translation into English by Mrs. Charles, Christian Life in Song, p. 183.

Theme. The Resurrection of Christ. The coincidence of the natural and spiritual spring.

Νῦν ἔαρ κοσμικὸν, ἔαρ πνευματικόν· ἔαρ ψυχαῖς, ἔαρ σώμασιν· ἔαρ ὁρώμενον, ἔαρ ἀόρατον. — Gregory of Nazianzum, Easter Sermon: Trench, p. 153.

Line 7. Sollemnia, *festivities* of spring at Easter.—**12. Alta,** *heights*, upper regions.—**14. Renovantur,** *are renewed* so as to freely exhibit their qualities.—**23. Princeps mundi,** *Satan*. John xiv., 30.—**27. Quo,** Christ. John xiv., 30.—**33. Praebet:** *cherubim* is sometimes incorrectly used as a singular. Perhaps we should read *praebent;* or the punctuation may be changed so as to read (Vita, *Christ*) "praebet viam facilem amovendo versatilem gladium cherubim." *Cherubim:* undeclined, genitive plural.—**34. Versatilem:** Genesis iii., 24.

Hymn III.

In Trench, p. 175. A translation in Mrs. Charles's Christian Life in Song, p. 187, where it is given, I know not on what grounds of external evidence, to Adam of St. Victor.

Theme. The Holy Ghost.

Line 3. Coelitus, *from heaven*. See note on line 47 of Hymn

II. of Petrus Venerabilis, p. 282.—**4. Donum** was used as a proper name of the Holy Ghost, the gift by eminence. So Augustine (Enchir., 12), Aquinas (Sum. Theol., 1, 38), and elsewhere.—**5. Digitus,** *the finger*, that wrote the law. See line 10 of Hymn VI. of Gregory, on p. 77, and the note, p. 260. Other copies read *Rex* for *lex*.—**9, 10. Septiforme** donum septiformis gratiae. Isaiah xi., 2. See, on p. 260, note on line 9 of Gregory's Hymn.—**11. Virtutis septifariae,** *the seven beatitudes.* Matt. v., 3–10.—**12.** The seven petitions of the Lord's Prayer. Matt. vi., 9; Luke xi., 2–4. "Septem ergo petitiones in Dominica Oratione, ut septem dona mereamur Spiritus Sancti, quibus recipiamus septem virtutes, per quas, a septem vitiis liberati, ad septem perveniamus beatitudines." Hugh of St. Victor.—**13. Nix:** Isaiah i., 18. Compare note on **lues,** p. 242, line 12 of Hymn I.—**14. Ignis:** Exod. iii., 2.—**15. Pugil,** *wrestler.* Genesis xxxii., 24.—**16. Propinator, -is,** m., giver of *drink* first, then giver of other things, from *propino*, which is in the dictionaries. Luke xxi., 15.—**18. Flamen,** *Spiritus*, common in the Hymns.

Hymn IV.

In Daniel, 2, 73; Gautier, 1, 115; Trench, p. 187. It is simple as need be except in its rhyming.

Theme. The Holy Ghost.

Line 25. Supply *est.*—**66. Disparitas, -tatis,** f., *inequality*, late Latin. See *disparity* in Webster's Dictionary. Supply *est.*

Hymn V.

In Daniel, 2, 84; Gautier, 2, 425; Wackernagel, 1, 128; Trench, p. 62; and elsewhere. It usually begins with a stanza here omitted:

"Iucundare, plebs fidelis," etc.

Translation in Neale's Mediaeval Hymns, p. 107.

Theme. The Holy Evangelists, as seen in Rev. iv., 6–8; Ezek. i., 4–28; x., 9–22.

Line 1-4. Animalia (ζῶα), *living creatures*, rather than "*beasts.*" Rev. iv., 6.—**5-8.** Rev. iv., 7.—**9-16.** The distribution of the living creatures to the evangelists here made is that of Jerome (Comm. in Ezek. i.; Prol. in Matt.; Ep. 50), Ambrose (Prol. in

Luc. 7, 8), Gregory the Great (Hom. 4 in Ezek.; Mor. xxxi., 47), and prevailed through the Middle Ages. Earlier there was much fluctuation. Augustine and Beda, for example, make the lion, Matthew; the man, Mark; the calf, Luke; the eagle, John. Irenaeus makes the lion, John; the eagle, Mark; and see further, Trench, p. 63.—**14-16.** Matt. iv., 21.—**17-20.** Matt. i., 1-16.—**21-24.** It is not so much the character of the evangelists that is seen in these figures as the character of Christ as presented in each Gospel. In Luke he appears as *the Victim* (Bos), interpreting and superseding the rites with victims under the old law. In another hymn Adam says, or sings:

"Ritus bovis Lucae datur,
In qua forma figuratur
Nova Christus hostia:
Ara crucis mansuetus
Hic mactatur, sicque vetus
Transit observantia."

—**25-28.** In Mark the resurrection of Christ is specially set forth. It was an early belief that the lion's whelps were born dead, and roused to life on the third day by the roaring of their sire. This was taken as a type of the resurrection; so Adam says in another hymn:

"Est leonis rugientis
Marco vultus, resurgentis
Quo claret potentia:
Voce Patris excitatus
Surgit Christus, laureatus
Immortali gloria."

29. Ala bina: compare "Columba sancta ecclesia est, quae duas alas habet per dilectionem Dei et proximi [*our neighbor*]; a dextris dilectionem Dei, a sinistris dilectionem proximi." Hugh of St. Victor, Serm. 97. John represents Christ as ascending to glory.—**37-40.** Matthew, the nativity; Luke, the passion; Mark, the resurrection; John, the ascension.—**45-48.** For the movements of the wheels and the wings, see Ezekiel i., 15-25; x., 8-22. As applied to the evangelists, the movement of the wheels is the earthly life of Christ; of the wings, the heavenly, and they go on together (*aequalis*).—**49-51.** "Quemadmodum unus fluvius erat Paradisi, qui in quatuor capita dividitur; ita unica Christi evangelica doctrina per quatuor ministros ad irrigandum et foecundandum ecclesiae hortum est distributa." Jerome, Ep. ad Eusebium. In ancient art we often find a hill surmounted by a cross, and four streams flowing from it. In the cupola of St. Mark's, at Venice, the evangelists appear as four old men, each with an urn, from which a stream flows. Trench, p. 66. Matthew is Gihon; Mark, Tigris; Luke, Euphrates; John, Pison. Neale.—**53. Fons:** see p. 127, lines 37, 38, and note.—**57. Debriatis** (late Latin, frequent), inebriatus, *drunken*, or *filled*. "Spiritus Sancti *debriatus* et perfusus gratia." Lamb. Ard., in Dict. Med. Lat. The exchange of *in-* and *de-* in compounds is not infrequent: going *into* any place is also a going *from* some other; *drinking in* is *drinking out.*

Hymn VI.

In Daniel, 2, 64; Gautier, 1, 212; Trench, p. 212. A translation in Mrs. Charles's Christian Life in Song, p. 195; in Neale's Mediaeval Hymns, p. 134. Trench calls it "a sublime composition;" others have called it the masterpiece of the author.

Theme. The Martyrdom of Stephen.

Line 1. Heri: Christmas is the day before St. Stephen's day. —**7. Protomartyr:** called also in the Greek Church *ἀρχὴ μαρτύρων*, *ἀθλητῶν προοίμιον*, *πρώταθλος*, *ἀθλητῶν ἀκροθίνιον*.—**Levita** in the early Church meant *diaconus*. Trench.—**11. Insultavit:** Acts vii., 51–53.—**18.** Matt. iii., 7; xii., 34.—**24.** Rev. iii., 9.—**26.** Rev. iii., 14.—**28.** Stephanus (*στέφανος*) = *Corona*. Such play with the meaning of proper names is very common with the fathers. See examples in Trench, p. 214, and in his Study of Words, p. 32, 33.—**37.** Acts vii., 55–60.—**43. Stantem:** in other places Christ is spoken of as *sitting*. "*Sedere* judicantis est, *stare* vero pugnantis vel adjuvantis. Stephanus stantem vidit, quem adjutorem habuit." Greg., Mag. Hom., 19. So the Episcopal collect for St. Stephen's day: "Who *standest* at the right hand of God *to succor* all those that suffer for thee." Trench, p. 215. —**52.** From Augustine (Serm. 315): "Vestimenta lapidantium servabat, ut omnium manibus lapidaret."—**55-62.** Acts vii., 59.

HYMN VII.

In Trench, p. 219. A translation by Mrs. Charles, Christian Life in Song, p. 197.

Theme. The Martyrdom of St. Lawrence. He was archdeacon of Rome in the third century, and died in the persecution of Valerian.

Line 1-6.

"As the harp-strings only render
All their treasures of sweet sound,
All their music, glad or tender,
Firmly struck and tightly bound:

"So the hearts of Christians owe
Each its deepest, sweetest strain,
To the pressure firm of woe,
And the tension tight of pain."

MRS. CHARLES.

—**4. Chely** (χέλυς) **tormentorum:** appositive genitive.—**6-14.** "Certainly virtue is like precious odors, most fragrant where they are incensed or crushed." Bacon on Adversity.—**11. Assatus:** St. Lawrence is said to have been broiled to death on a gridiron.—**15, 16.** Vis amoris putat ardorem factum foris [the fire under the gridiron] esse rorem. Compare "Et fecit medium fornacis quasi ventum roris flantem." Dan. iii., 50. Not in our Hebr., Gr., or English.—**18. Ignis** urens, non comburens, i. e., the Holy Spirit. Exod. iii., 2. See Hymn III., line 14, p. 137.

HYMN VIII.

In Daniel, 5, 102; Mone, 1, 316; Wackernagel, 1, 127; Trench, p. 227; Gautier, 1, 155. A translation in Neale's Mediaeval Hymns, p. 146.

Theme. The Dedication of a Church. The Church whose builder is God.

Line 1, 2. "Quam dilecta tabernacula tua, Domine virtutum. Concupiscit, et deficit anima mea in atria Domini." Psalm lxxxiii., 2, 3.—**3-6.** Matt. vii., 24, 25; Eph. ii., 20; Rev. xxi., 14.—**7, 8.** Supply *sunt.*—**8. Sacramenta praecurrentia,** *precursory holy* *types.*—**Umbrae:** the Old Testament.—**Concinna:** *agreeing with* the facts of the New Testament. Such types he proceeds to enumerate.—**10-12.** Adam and Eve a type of Christ and the Church. "Parentes qui nos genuerunt ad vitam, Christus est et ecclesia. Secundus Adam in cruce dormivit, ut inde formaretur conjux, quod de latere dormientis effluxit" (the blood being the life of the Church). Augustine, in Mone, 1, 318, where see much more.—**11, 12. In primordia,** etc.: at the beginning of the enduring marriage.—**13.** The ark, as a type of the Church, is simple; there are quotations about it in Mone from Augustine, Jerome, and others.—**16-19. Isaac** means *laughter*, and so *Christ*, who is *our joy*, nostrum Gaudium. Gen. xxi., 6. See also p. 266, note on Hymn III., 4. Hugh of St. Victor.—**19-24.** Eliezer represents the apostles, Rebecca the Gentile Church. Gen. xxiv.—**Aptat sibi:** Gen. xxiv., 22.—**25-27.** Gen. xxvii. "Esau foris venationi deserviens, benedictionem amittens, populum Israel significat, qui foris in litera iustitiam quaerit, et benedictionem coelestis haereditatis dimittit." Hugh of St. Victor, Alleg., ii., 11. Jacob is the Gentile Church.—**28-30. Liam lippam:** *Leah*, the synagogue, unable to see Christ.—**Rachel:** the Church.—**31-33.** Genesis xxxviii., 14. "Habitus meretricius confessio peccatorum est. Typum quippe iam ecclesiae ex gentibus evocatae gerit Thamar. A non agnoscente foetatur, quia de illa praedictum est, Populus quem non cognovi, servivit mihi." Augustine, Con. Faust., xxii., 86.—**34. Hic:** in the Church.—**35, 36. Fiscella scirpea** is the Latin in Exod. ii., 3, for "*ark* of bulrushes." "Moyses juxta flumen significat quemlibet hominem juxta fluvium praesentis saeculi positum; filia regis Gratiam designat, quae quemlibet ad vitam praedestinatum de fluxu saeculi liberat, et in filium adoptat, ut prius fuerat filius irae, deinceps existat filius gratiae." Hugh of St. Victor, Alleg., iii., 1.—**37-39.** Exod. xii., 5; 1 Cor. v., 7.—**40-42.** "In Mari Rubro submersus est Pharao, et principes eius; et in baptismo liberamur a potestate diaboli et principum eius." Hugh of St. Victor: in Trench, p. 230.—**43.** Hebr. ix., 4.—**44, 45.** Deut. x., 5; Hebr. ix., 4.—**46.** Hebr. ix.—**47, 48.** Exod. xxviii. *Poderis* (ποδήρης), Latin *talaris*, is the word in Exod. xxviii., 4, there translated by *tunica* in the Latin, *robe* in English. This garment is the chief (*praecedit*).

These garments have always excited the imagination of the mystics:

> "Holiness on the head;
> Light and perfections on the breast;
> Harmonious bells below, raising the dead,
> To lead them unto life and rest—
> Thus are true Aarons drest."
>
> George Herbert.

—**49. Varias,** *Uriah.* — **Barsabeë,** *Bathsheba:* 2 Sam. xi., 2–27, which is a type for Rom. vii., 1–6.—**52-54.** "Astitit regina a dextris tuis in vestitu deaurato, circumdata varietate." Psalm xliv., 10.—**55.** 1 Kings x.; Matt. xii., 42.—**58.** Canticles i., 5: black to the world, beautiful to Christ.—**59, 60.** Canticles iii., 6.—**Fumosa virga:** "*a pillar of smoke perfumed* (pigmentaria) with myrrh and frankincense."—**66.** The Lord's Supper.—**68. Trumpets** belong to the Old Testament feasts. Numb. x., 10; the psaltery or decachordon to the New, as David says: "Deus, *canticum novum* cantabo tibi; in *psalterio* decachordo psallam tibi." Psalm cxliii., 9.—**70-73.** Rev. v., 11; xix., 6–9.

XXVII. ALANUS INSULANUS.

Life.—Alanus of Lille, in Flanders (Latin, *De Insulis* or *Insulanus*), was, according to some, born in 1114. His learning and abilities were such as to give him the title *Doctor Universalis.* He has been called the leader of the poets of his age, and a scholar's judgment and taste certainly appear in many of his poems. Whether he is the same person who is known to us as the friend of Bernard and bishop of Auxerre, and who has the same name, has been a most puzzling question to biographers, and leaves the career of the poet and universal doctor uncertain. He died, perhaps, in 1203.

Hymn I.

In Königsfeld, with a German translation, Lat. Hymnen und Gesänge, 1, 160; Trench, p. 257.

Theme. The transitory Nature of Man.

Line 8. Glosa, *-ae*, f., from *glossa* (γλῶσσα), *tongue*, *language*, *word*, whence easily *expression*, *image*, *type*—late Latin. Med. Lat. Dict. —**13-18.**

"Sweet rose! whose hue, angry and brave,
Bids the rash gazer wipe his eye;
Thy root is ever in its grave—
And thou must die."
GEORGE HERBERT.

—**32. Cuius esse,** *whose being;* supply *est.* —**36. Mane claudit vespere:**

"Sweet day! so cool, so calm, so bright;
The bridal of the earth and sky:
The dew shall weep thy fall to-night—
For thou must die."
GEORGE HERBERT.

—**40.** Supply *Mors:* he puts us to labor, he to pain, the end is his. They represent him.—**52. Rector et auriga,** i. e., God.

HYMN II.

Königsfeld, with a German translation, in Lat. Hymnen und Gesänge, 1, 164. It is hesitatingly ascribed to Alanus.

Theme. The Life of Man.

Line 1. Supply *est.*

HYMN III.

Alani Opera, p. 377; Trench, p. 104. A bundle of paradoxes. Compare a similar bundle in Bacon's Works.

Theme. The Birth of Christ.

Line 5. Donaret: see p. 261, note on Hymn I., line 15.—**Omen,** *the condition.*—**23. Reatus:** the genitive.

XXVIII. THOMAS OF CELANO.

Life.—The THOMAS who is believed to have written the "Dies Irae" is called À CELANO from a small town near Lake Fucino, in the further Abruzzo. He was one of the earliest members of the order of Minorites, founded by St. Francis of Assisi in 1208. He wrote a life of his friend St. Francis, and two hymns in his honor, which still survive. St. Francis died in 1226. But dates and biographical incidents are wanting for Thomas, and not even his name is to be found in many of our best dictionaries of biography.

THE HYMN.

In Daniel, 2, 103; Wackernagel, 1, 137; Trench, p. 297; The Seven Great Hymns, p. 56; and in all breviaries and collections. Translations are to be found in many languages. In English, seven translations are given in The Seven Great Hymns, besides the well-known stanzas of Sir Walter Scott; Mrs. Charles, Christian Life in Song, p. 188; Schaff, Christ in Song, p. 373. The literature of this hymn is considerable. Its external history is told. It appears in Church services in Italy in the thirteenth century, and spreads into France and Germany, the first complete copies found in Germany being of the latter half of the fifteenth century; it became more highly and widely esteemed from century to century, and since the rendering of it in Mozart's requiem it is used through all Christendom. Then the translations. A German author, Liseo, in his Dies Irae, Hymnus auf das Weltgerichte, Berlin, 1840, gives 87 versions, nearly all German; Dr. Schaff, in the Hours at Home, has given specimens of about 100 translations; and there are many more. The earliest in English is that of Sylvester, 1621; then Crashaw, 1648; Drummond, Roscommon, Scott, Alford, Irons, Trench, Macauley, Dix, Mrs. Charles, Dr. A. Coles (thirteen original versions), and others. In German, Herder, Fichte, and A. Schlegel may be mentioned. Then there is the history of criticism upon it, and the use made of it by students and artists. Mozart, Haydn, Goethe, Schlegel, Johnson, Dryden, Scott, Milman, and Jeremy Taylor are mentioned in The Seven Great Hymns as among the great who have avowed a supreme admiration for it; while the attempts by the less famous critics to find and set forth the secret of its power are innumerable. Goethe's use of it in Faust, and Scott's in the Lay of the Last Minstrel, are known to all. Then there is the question of authorship. Attempts have been made to give it to Matthaeus of Aquasparta, A.D. 1302; Latinus Frangipani, 1294; Malabranca, bishop of Ostia, 1275; Bonaventura, 1274; Bernard of Clairvaux, 1153; Gregory the Great, 630; and others. A leading essay on this subject is in Mohnike's Hymnologische Forschungen, 1, 1–24. Then there is its internal history. It had been treated as a creation of its writer out of nothing; but Mone, 1, 408, 409, undertakes to show that it is a condensation of the old hymns on the judgment-day. He points out some of the most striking expressions, and even whole lines in these older and ruder and longer hymns. They are not enough, however, in number or kind to lessen the originality of this hymn. It is strange there are not more of them. Nothing is born of nothing.

"This marvelous hymn is the acknowledged masterpiece of Latin poetry, and the most sublime of all uninspired hymns. . . . The secret of its irresistible power lies in the awful grandeur of the theme, the intense earnestness and pathos of the poet, the simple majesty and solemn music of its language, the stately meter, the triple rhyme, and the vowel assonances, chosen in striking adaptation to the sense — all combining to produce an overwhelming effect, as if we heard the final crash of the universe, the commotion of the opening graves, the trumpet of the archangel summoning the quick and the dead, and saw the 'king of tremendous majesty' seated on the throne of justice and mercy, and ready to dispense everlasting life or everlasting woe."—SCHAFF, p. 373.

Theme. The Last Judgment. "Dies irae dies illa, dies tribulationis et angustiae, dies calamitatis et miseriae, dies tenebrarum et caliginis, dies nebulae et turbinis, dies tubae et clangoris, super civitates munitas et super angulos excelsos." Zephaniah i., 15, 16; Matt. xxv.; 2 Peter iii., 10–12.

Line 1. Dies irae, dies illa: These are the words of Zephaniah i., 15. They are current expressions in the older hymns, and in the fathers. Mone, 1, 403–409. **Illa,** the day by emphasis, the day of the Lord, of Zeph. i., 14. Many read these clauses as exclamatory, and *solvet* as intransitive:

"That day of wrath, that dreadful day!
When heaven and earth shall pass away."
SCOTT.

—**2. Solvet,** *resolve*, cause to crumble. Elementa vero calore solventur. 2 Peter iii., 10.—**Saeclum,** i. e., **seculum,** first a generation of men like Ang.-Sax. *weor-old* (*weor*=Lat. *vir*), when applied by Christian authors to the material universe, still retains something of its early sense; it is the *world* in relation to man, rather than the *cosmos*, or God's beautiful order.—**In favilla,** in *glowing* ashes, not into dead dust. The line shows the conflagration still at white heat. In igne zeli eius devorabitur omnis terra. Zeph. i., 18.—**3. Teste David,** absolute. H., 430; A. and G., 54, 10, b, note; M., 304, d; Psalm cii., 27; interpreted by Isaiah li., 6; 2 Peter iii., 10. Some read *teste Petro.* Trench calls attention to Psalm xcvi., 13; xcvii., 3; xi., 6.—**Sybilla,** i. e., *Sibylla,* spelled for its rhyme. For the Sibyl, and her oracles and books, see Classical Dictionaries, Webster's Dict., and elsewhere. Milton mingles freely Bible and heathen mythology, believing the heathen gods to be real devils. Emerson says:

> "Out of the heart of Nature rolled
> The burdens of the Bible old"—

and it is all one to him whether they come through the mouth of David or Sibylla. Schaff has a note pointing out the "truth underlying this use made of the Sibylline oracles," inasmuch as, he says, heathenism was groping in the dark after "the unknown God," and bore indirect testimony to Christ. But the pious frauds by which the Sibylline oracles were made to bear direct testimony to Christ are the explanation of this passage, and of the general credit given by early Christians to the Sibyl; and the remembrance of them makes the line a blemish in the poem. The Church generally, following the old Paris missal, read for this line: "Crucis expandens vexilla." Matt. xxiv., 30. "Libera me, Domine, de morte aeterne, quando coeli movendi sunt et terra, dum veneris iudicare saeculum per ignem." From the Service for the Dead, Mone, 1, 402. For the rhythm, also compare from another Service for the Dead:

> "Lacrimosa dies illa,
> Qua resurgens ex favilla
> Homo reus iudicandus,
> Iustus autem coronandus."

Compare p. 71, lines 11, 12, *Flamma ignis*, etc.—**4-6.** Rev. vi., 15–17; xx., 11–13; p. 71, lines 13, 14.—**7-9.** Zach. ix., 14; 1 Cor. xv., 52; Matt. xxiv., 31; John v., 25; 1 Thess. iv., 16.—**Spargens,** not *concinens*, as on p. 71, 5; this trumpet blares.—**Sepul-**

era regionum, the *graves of regions*, of all regions—not political divisions, but natural expanses marked by the hills, the vales, the venerable woods, "old ocean's gray and melancholy waste;" *sepulchres of earth*, "the great tomb of man." Compare with the simpler *per regiones sepulcrorum;* and the whole stanza with lines 5, 6, on p. 71, as perfect lines as these in their way, but wanting the terrible compulsive energy (δεινότης).—**10-12.** Rev. xx., 13. See note on **Mors,** p. 229, VIII., 25.—**Natura:** supply *stupebit.* The resurrection is unnatural.—**13-15. Liber:** Rev. xx., 12; Dan. vii., 10.—**17. Apparebit:** Matt. x., 26; Mark iv., 22; Luke viii., 17; xii., 2, 3.—**19-21. Patronum:** 1 John ii., 1.—**Cum vix iustus:** 1 Peter iv., 18.—**21. Tremendae** is one of the recurring epithets in the old judgment hymns marked by Mone, but I do not see it coupled with *maiestatis.*—**Tremendae maiestatis:** Job xxxvii., 22 (not in the Vulgate).—**22, 23.** Rev. xxi., 6.—**Fons pietatis:** see the hymn of Bernard, p. 127, line 37; 129, 85, and notes:

"From thee all pity flows."—GEORGE HERBERT.

—**25. Recordare:** Psalm xxv., 7; Luke xxiii., 42.—**26. Sum causa:** 1 Timothy i., 15; Matt. ix., 13; Mark ii., 17; Rom. v., 8.—**27. Perdas:** John xvii., 12; xviii., 9.—**28. Sedisti:** by the well. John iv., 6.—**29, 30.** Heb. xii., 2. It is said that Dr. Samuel Johnson would repeat this stanza in Latin, and burst into floods of tears.—**31-33.** Matt. xxv., 19-30. "Post multum temporis venit dominus servorum illorum et posuit *rationem* cum eis."—**34. Ingemisco:** Rom. viii., 23.—**35. Vultus rubet:** Ezra ix., 6.—**37. Mariam** Magdalene: Mark xvi., 9.—**Latronem:** Luke xxiii., 43.—**42. Ne cremer,** an object clause after *fac.* Matt. xxv., 41. —**43-48.** Matt. xxv., 33.—**46. Maledictis,** *the accursed ones*, absolute with *confutatis* and *addictis.*—**50. Cor,** appositive with the subject of *oro.* Psalm li., 19.—**Cinis:** Job xlii., 6. The Earl of Roscommon, "at the moment in which he expired, uttered with an energy of voice that expressed the most fervent devotion, two lines of his own version of Dies Irae:

'My God, my Father, and my Friend,
Do not forsake me in my end!'"

DR. JOHNSON.

Scott was heard to repeat parts of the original hymn on his death-bed.—**52-58.** These lines are believed to have been added to adapt the close of the hymn to the service. They are found in older hymns. Mone, 1, 406.—**57. Requie**, oftener *requiem*, but the rhyme and the common construction of *dona* favor *requie.* See note on *dono*, p. 261, I., 15.

XXIX. BONAVENTURA.

Life.—John of Fidanza was born at Bagnarca in Tuscany, 1221. He was educated at Paris, and there entered the order of Franciscans, under the name of *Bonaventura*, said to have been given by an exclamation of St. Francis, by whose prayers he had recovered from illness, and who greeted him with *buona ventura*, i. e., good luck. He was made professor of theology at Paris, 1245; in 1256, general of his order; 1273, cardinal of Alba. He died, 1274, at Lyons, attending a council with Pope Gregory X. He was called "Doctor Seraphicus," and regarded as the greatest scholar among the Franciscans. Among his works are a life of St. Francis, "The Progress of the Mind towards God," and much poetry. Dante gives him a place in his Paradise.

Hymn I.

In Daniel, 2, 101; Königsfeld, 1, 151. Translations in Schaff, Christ in Song, p. 165; by Dr. J. W. Alexander; by Dr. Harbaugh. Schaff pronounces it the best of the hymns of Bonaventura.

Theme. The Holy Cross, and Dying.

Line 1. Crucis: H., 406, 11; A. and G., 50, 4, *a*; M., 315.—**3. Delectare iugiter,** *continual delight*, obj. of *ducis; viam* is a factitive object.—**40. Eruuntur,** *are drawn forth*, or led out of wretchedness.

Hymn II.

In Mone, 1, 114, 115; Wackernagel, 1, 140. Translation by Mrs. Charles, Christian Life in Song, p. 176.

Theme. The Hours of the Passion.

Primam (horam), the first canonical hour, following the *lauds*, which follow *matins*. Mark xv., 1.—**Line 1. Velatus:** "Christus *velamine* corporis splendorem maiestatis suae, quem visus hominum non ferebat, obtexit." Leon., M., Serm. 25, 2.—**2. Sol:** Malachi iv., 2.—**3. Illusus:** Mark xv., 19.—**4. Caesus:** Luke xxii., 64.—**Tertiam:** 9 o'clock. Mark xv., 25.—**Sextam:** 12 o'clock. Mark xv., 33.—**Nonam:** Mark xv., 34.—**Completorium:** the last service of the day. See p. 234, note on Hymn VIII.

Hymn III.

In Daniel, 1, 340 (the beginning); Mone, 1, 113; Königsfeld, 2, 208, with German translation. The last line of each stanza is taken from one of the Ambrosian hymns—a common artifice.

Theme. The Passion.

Line 6. This is from a hymn in Daniel, 1, 247.—**12.** Hymn V. of Ambrosiani, p. 25.—**18.** Hymn III. of Ambrosiani, p. 22.—**24.** In Daniel, 1, 74.—**30.** Hymn IV. of Hilarius, p. 5.

Hymn IV.

Bonaventurae Opera, vi., 424; Trench, p. 146.

Theme. The Passion.

Line 1. Hamum: the use of this figure in regard to Satan, as in Hymn VIII. of Ambrose (see note on p. 229), is more common, and more pleasing than in regard to Christ.—**17. Pavit,** *he fed.* —**26. Ad quid,** *to why*, to the reason why.—**27. Alas crucis.**— **27, 28.** Nec (ignavus) attendit quod (Christus) praetendit hoc (cor) vices reclinatorii.—**Reclinatorium,** i, *n*, a little table on which the sacred vessels are placed at sacrament; here, the food set on a table, a repast. Lex. Med. Latin.

XXX. THOMAS AQUINAS.

Life.—Thomas Aquinas was born at Aquino, Naples, about 1225, of noble family. At sixteen he became the pupil of Albertus Magnus and joined the Dominicans. He taught and preached at Paris and Rome, and his fame filled Europe, but he steadily refused preferment. He died in 1274. He left many works on theology, morals, and metaphysics. He is called the

Angelic Doctor, and is the most eminent of the Dominicans, and the ablest of all the schoolmen.

Hymn I.

In Daniel, 1, 255; Mone, 1, 275; Wackernagel, 1, 145. A translation by Neale, Mediaeval Hymns, p. 176.

Theme. The Eucharist.

Line 1. Deitas: Mone reads *veritas.*—**3, 4.** "Haec est laus fidei, si, quod creditur, non videtur." Augustine in Ev. John, 79, 1.—**12.** Domine, memento mei, cum veneris in regnum tuum. Luke xxiii., 42.—**13.** John xx., 24–29.—**18.** John vi., 35–48.—**20. Illi** (menti).—**21. Pelicane:** it was believed that the pelican, when other food fails, gives its own blood to its young for food. Hence Christ is often compared to the pelican, and the figure of it was often used in the decoration of churches.—**26. Quando fiet:** *when shall come to pass.* Others read *oro: fiat.*

Hymn II.

In Daniel, 2, 97; Mone, 1, 276; Wackernagel, 1, 143. Extracts translated in Schaff, Christ in Song, p. 586, where see other translations mentioned, p. 584.

Theme. The Body of Christ.

Line 5. Supply *est.*—**11. Fratrum,** *fraternitas* are common words for Christians among the early fathers, as with us.—**21. Phase** (Sept. Gr., φασέχ; 2 Chron. xxxv., 1, from Hebrew for *pascha*)—indeclinable, neuter—*the passover*, the Lord's Supper. *Phasis*, in the same sense, is given in the Med. Lat. Dict.—**23. Umbra:** compare line 9, Hymn VIII., p. 146, and the note.—**25-27.** Luke xxii., 19; 1 Cor. xi., 25.—**29, 30. In hostiam salutis:** "Offerimus hostiam puram, hostiam sanctam, hostiam immaculatam, panem sanctum vitae aeternae et calicem salutis perpetuae." The Latin service. For the English word *host*, from *hostia*, see Webster's Dict.—**31. Dogma:** transubstantiation.—**36. Praeter,** etc., *outside* of the natural order.—**40-48.** An application to the wafer of the scholastic statement of the omnipresence of God: "All in the whole and all in every part."—**52. Mors est malis:** 1 Cor. xi., 29.—**57-62.** Transubstantiation, as in 46–48. The words *tegitur*, *scissura*, are perhaps suggested by the *seamless coat* of

Christ (John xix., 23, 24), but there is no distinct use of that figure.—**59. Rei,** *the substance*, Christ.—**60. Signi,** the phenomenal appearance of the bread.—**62. Signati:** Christ.—**63. Panis angelorum:** Psalm lxxviii., 25; John vi., 32.—**64.** Luke xi., 3. See *viaticum*, in Webster.—**65, 66.** Matt. xv., 26.—**68.** Gen. xxii.—**69.** Exod. xii.—**70.** Exod. xvi.; Rev. ii., 17.—**78. Commensales** (*con* and *mensalis*), *table companions*, communicants. Med. Lat. Dict. For **tuos** others read *tu nos.*

Hymn III.

In Daniel, 1, 251; Wackernagel, 1, 145. Translations in Neale's Mediaeval Hymns, p. 178; Schaff, Christ in Song, p. 584, where other translations are mentioned. Neale says: "This hymn contests the second place among those of the Western Church, with the 'Vexilla Regis,' the 'Stabat Mater,' the 'Jesu dulcis Memoria,' the 'Ad Regias Agni Dapes,' the 'Ad Supernam,' and one or two others, leaving the 'Dies Irae' in its unapproachable glory."

Theme. The Body and Blood of Christ.

Line 1. Pange, *frame* in song. See Hymn I. of Fortunatus, p. 64, from which this opening is imitated.—**4. Quem** (sanguinem). —**In pretium,** *for the ransom.*—**5. Fructus:** appositive with *Rex.* —**9. Conversatus:** deponent.—**10.** Matt. xiii., 37.—**11, 12.** He closed in a wonderful method (ordine) the protracted periods of his sojourn.—**13.** Luke xxii., 20.—**15. Legalibus:** prescribed by the law of Moses.—**17, 18.** See lines 10, 11 of Hymn II., p. 165. —**Cibum,** appositive with *se.*—**19, 20.** Verbum caro (the Word made flesh) efficit verbo panem (esse) verum carnem.—**21. Merum** (pure wine), *fit sanguis.*—**22.** Though our senses fail to discern the change.—**26. Cernui,** *bowed* we revere.—**27. Documentum,** *showing*, shadow, the Passover.

Hymn IV.

In Daniel, 2, 369; Königsfeld, 1, 148. Translations in Schaff's Christ in Song, p. 589; in the Andover Sabbath Hymn-book, No. 105, by Ray Palmer; in Shipley's Lyra Eucharistica, p. 174. It is ascribed to Aquinas by Königsfeld and Palmer. It will by seen to be a happy echo of the former hymns.

Theme. The Body of Christ.

Line 1. Line 64 of Hymn II.—**2.** Line 63, Hymn II.—**3.** Line 70, Hymn II.—**4.** Line 73, Hymn II.—**5. Dulcedine:** H., 419, 2; A. and G., 54, 1.—**10. Pota,** *give drink, refresh.* Dict. Med. Lat.—**17, 18. Aperta acie,** *with open vision.*

XXXI. IACOPONUS.

Life.—Jacopone da Todi, sometimes called Benedetto and Jacobus de Benedictis, was born at Todi, in Umbria, of a noble family, in the early part of the thirteenth century. The date is unknown. He became a Franciscan upon the death of his wife, though only a lay brother. He wrote much, and many spiritual songs and satires in Italian have been preserved. The freedom with which he satirized the abuses and vices of the priests drew on him long imprisonments from Boniface VIII. "An earnest humorist, he carried the being a fool for Christ into every-day life." His extravagances and buffoonery "often leave one in doubt whether he was indeed perfectly sound in his mind, or only a Christian Brutus, feigning folly, that he might impress his wisdom the more deeply, and utter it with more freedom." Of his Latin poems, only the three here printed are preserved. He died in 1306. His epitaph (1596) reads: "Ossa B. Jacoponi de Benedictis, Tudertini, qui, stultus propter Christum, nova mundum arte delusit, et coelum rapuit." Trench.

Hymn I.

In Daniel, 2, 131–154; Mone, 2, 147–154; Wackernagel, 1, 136, 161; the Breviaries and collections. Translations are numerous in many languages. Lisco (Stabat Mater, Berlin, 1843) gives fifty-three German versions. In English, a translation of part of it is in Schaff, Christ in Song, p. 169; a prose translation in Mrs. Charles's Christian Life in Song, p. 208; and there are versions by Lord Lindsay, Caswall, Coles, Benedict, and others. "It is the most pathetic, as the Dies Irae is the most sublime hymn of the Middle Ages, and occupies the second rank in Latin hymnology." Schaff. It has furnished the text for many renowned musical compositions, among which the best known are those of Palestrina, Pergolesi, and Haydn. There is a literature of essays and critical discussions of the history, authorship, and merits of the poem. It is ascribed by Benedict XIV., De Festis Jesu Christi, 2, c. 4, § 5, to Pope Innocent III., who died in 1216—the pope to whom the English King John submitted, the most learned and able man of his age, and under whom the papal power reached its height. Mone and Wackernagel both accept the statement, and select stanzas 1, 4, 3, 5, 7, 9, somewhat modified, as the original hymn, which they think was supplemented and brought to its later form by Jacopone. Mone complains that so little critical study has been given to the hymn itself; but, aside from the questions of original text, which include those on a large number of various readings, there seems little difficulty or remote suggestion, or even subtle Biblical allusion in it. It is simple Mariolatry, most of it. It is familiarly known as the "Stabat Mater" and the "Mater Dolorosa."

Theme. The Mother of Christ at his Cross.

Line 1, 2. Stabat mater juxta crucem: John xix., 25. "Stabat ante crucem mater, et, fugientibus viris, stabat intrepida; spectabat piis oculis filii vulnera." Ambrose, De Inst. Virg., c. 7, § 49.—**Dolorosa,** *lacrymosa:* "Stantem illam lego, flentem non lego." Ambrose, De Ob. Valent., 39; Mone, 2, 149. The Greek service often speaks of her as weeping: *παρίστατο τῷ ξύλῳ ἡ παρθένος κλαίουσα*, Oct. 17. So *θρηνωδοῦσα*, Jan. 22, Oct. 6.—**4. Cuius** (matris).—**10, 11.** Note the effect of the repeated rhymes.—**16. Non-contristari.**—**19-24.** Mark xv., 15-34.—**Suae,** his. Matt. i., 21.—**30. Sibi,** to Christ.—**Complaceam:** *con-*, i. e., *cum te.*—**32. Crucifixi,** *the crucified.*—**34-37.** Divide poenas nati.—**Dignati,** *deigning.*—**40-42.** Desidero stare. For line 41, others read "Meque tibi sociare."—**46. Portem,** *bear about.* 2 Cor. iv., 10.—**47.** Fac (me), consortem passionis, et (*also*) recolere (*to experience*) plagas. For *plagas* some read *poenam.*—**50. Inebriari.** See note on line 23, Hymn III., p. 226.—**52. Inflammatus,** *kindled* by the love of Christ.—**55-57.** In place of these lines, other copies read:

"Christe, cum sit hinc transire,
Da per matrem me venire
Ad palmam victoriae."

Hymn II.

In Königsfeld, with a German translation, Lat. Hymnen und Gesänge, 2, 242; Seven Great Hymns, p. 118, with Neale's translation into English; Christ in Song, p. 97, two verses. The hymn was first made known by Ozanam, Les Poëtes Franciscains en Italie au troisième siècle, Paris, 1852. It is spoken of as "the Mater Speciosa," a "companion-hymn," a "twin sister of Mater Dolorosa," "the product of the same genius," and the like. It is really a rather servile parody, which a great author would hardly make of a great poem of his own.

Theme. The Mother of Christ at the Manger of Bethlehem.

Line 1. Luke ii., 7.—**24. Diversorio,** the word in Luke for *inn.* —**25-30.** There is no corresponding stanza in Mater Dolorosa.—**28. Senex,** Joseph.—**Puella,** Mary.—**30. Stupescentes** agrees with *senex cum puella*, as though *cum* were *et.* H., 438, 6; A. and G., 47, 1; M., 403, b.—**44. Iesuline,** a double diminutive from *Iesus*, *Iesulus;* see **puerino,** line 47. *-inus* was not a diminutive in the old Latin; it meant *formed from*, *descended from;* but we pass easily from *younger* to *smaller.* Diminutives in *-inus* occur as early as the eighth century, and are common in Italian, Spanish, and Portuguese. See Diez. Rom. Gram., III., 314, 315.—**54. Tradere vitam,** *to give life* to men.—**56. Nato:** Christ.—**57. Tripudio,** from *tripudium*, joy, delight. Dict. Med. Latin.—**Stantem:** others, *stans.*

Hymn III.

In Königsfeld, Lat. Hymnen und Gesänge, 1, 128; Trench, p. 264; Bernardi, Op., 2, 913; Mohnike, Hymnol. Forschungen, 2, 173. Translations in Hymns to the Virgin and to Christ, Early English Text Society's publication, p. 36; The Paradise of Dainty Devices, poem I.; and Tusser.

Theme. The Vanity of the World.

Line 1. Sub, *over*, concerning. Dict. Med. Lat.—**5. Fide:** imperative.—**6.** Plus quam fallaciae.—**9. Vitris:** others, *viris veracibus.*—**13. Dic, ubi Salomon,** etc., will remind the Anglo-Saxon student of Alfred's meters:

Hƿǽr sind nû þæs ƿisan Ƿêlandes bân,
þæs gold-smiðes, þe ƿæs geô mǽrôst?
Hƿǽr is nû se rîca Rômânâ ƿita . . .
mid þǽm burhƿarum Brûtus nemned?
Hƿǽr is eâc se ƿîsa and se ƿeorðgeorna,
cêne and cræftig, þæm ƿæs Catôn nama?
MARCH'S *Anglo-Saxon Reader*, p. 65.

—**13. Salomon,** the common spelling in Latin, Greek, and other languages. 1 Kings iv., 34 (=v., 14).—**14.** Judges xiii.-xvi.—**15. Absalon,** a common corruption of *Absalom*, the spelling in Latin, Greek, and Hebrew of the Bible. 2 Samuel xiii.-xviii.—**16.** 1 Samuel xviii.-xxiii. — **18. Dives:** Luke xvi. The Latin word for *rich man*, erroneously taken as a proper name.—**20.** Trench compares the following lines from a funeral hymn of John of Damascus:

"*ποῦ ἐστίν ἡ τοῦ κόσμου προσπάθεια;*
ποῦ ἐστίν ἡ τῶν προσκαίρων φαντασία;
ποῦ ἐστίν ὁ χρυσὸς καὶ ὁ ἄργυρος;
ποῦ ἐστίν τῶν οἰκετῶν ἡ πλήμμυρα καὶ ὁ θόρυβος;
πάντα κόνις, πάντα τέφρα, πάντα σκιά."

—**24. Claudentur:** others, *clauduntur*.—**26. Eius:** the world's. —**27. Quae** (gaudia).—**30. Ros:** Hos. vi., 4; xiii., 3.—**Extolleris:** passive.—**33. Tanti:** price.—**34. Flos:** Job xiv., 2; Psalm ciii., 15; Isaiah xxviii., 1-4; 1 Peter i., 24.—**35, 36. Luci subtrahitur,** *is taken from the light* into the dark grave. Similar was the heathen Anglo-Saxon's comparison of life to the flight of a sparrow through a banqueting-hall on a stormy winter night—a glance, and he is gone into the night—a comparison better suited to a heathen than a Christian. Beda, Hist. Ec., 2, 13; March's Ang.-Sax. Reader, p. 39.

XXXII. THOMAS À KEMPIS.

Life.—THOMAS HAMERKEN was born in 1380, in the diocese of Cologne, at Kempen, or Kampen, and is hence called À KEMPIS. He became an inmate of the monastery of Mount St. Agnes, and spent much time in copying—fifteen years, it is said, on one copy of the Bible. He wrote various ascetic and devotional treatises, and among them, as is generally believed, The Imitation of Christ, "next to the Bible the most widely diffused and oftenest reprinted book in the world." Trench, p. 321. He wrote a few poems. He died in 1471.

Hymn I.

Wackernagel, 1, 225; Königsfeld, with German translation, 2, 254.

Theme. Patience.

Line 1-8. "Prosperity is the blessing of the Old Testament, adversity is the blessing of the New, which carrieth the greater benediction, and the clearer revelation of God's favor." Bacon, Essay on Adversity.—**3, 4.**

> "Satan now is wiser than of yore,
> And tempts by making rich, not making poor."
>
> Pope.

—**12. Proximos,** *neighbors.*—**24. Laude:** ablative of cause. H., 419, iv.; A. and G., 54, 3, a.—**25. Gradu:** specification. H., 429; A. and G., 54, 9.—**30. Hostibus:** dative. A. and G., 51, 6; H., 391.

Hymn II.

In Wackernagel, 1, 224; Trench, p. 321. Trench says the poems of "Thomas of Kempen" will not yield a second extract at all to be compared in beauty with the very beautiful fragment which follows.

Theme. The Joys of Heaven.

Line 1. Wackernagel begins with

> "O, qualis quantaque laeticia
> Resonat in coelesti patria
> Ubi Iesus gaudet cum Maria
> Laeto vultu, dulci melodia."

Rev. v., 14; vii., 11.—**5. Tympanizant** (*τυμπανίζω*) is of course the verb, of which the participle *tympanizans* only is given in the Latin Lexicons.—**17. Seraphim.** In the poem from which the extract is made, the choirs of angels are spoken of in order—*Cherubim*, *Throni*, *Dominationes*, *Principatus*, *Potestates*, and the

Archangeli; a full description of which may be found in Greg., M. Hom. in Evang., 2, 34, 10; Mone, 1, 442, 443.

XXXIII. IOHANNES MAUBURNUS.

Life.—MAUBURNE, or MOMBOIR (JEAN), was born at Brussels in 1460; was a friend and correspondent of Erasmus, and the author of several ascetic treatises, from one of which, the Rosetum Spirituale, the following hymn is taken. He died abbot of the cloister of Livry, near Paris, in 1502.

THE HYMN.

In Daniel, 1, 335; Königsfeld, Lat. Hymnen und Gesänge, 2, 252; Trench, p. 114. A translation by Mrs. Charles in Christian Life in Song, p. 174. It is from a poem of thirteen stanzas, and was early used in this form as a Christmas Hymn. It continued to be a great favorite in the Protestant churches as long as they sang Latin hymns. An old translation is still used in Germany:

"Warum liegt in Krippelein."

Theme. The Nativity.

Line 11-20., an answer to the first stanza.—**13. Quod** (genus), occidit se noxâ sceleris profani.—**15. Inopiis,** i. e., stabulo, penuria, etc.—**17. Pergo ditare:** *I am going to enrich* thee. Note the idiom, like the English; the French, *Je vais lire;* the Anglo-Saxon, *Ic gâ rǣdan*, and the like. March's Anglo-Saxon Grammar, 415, 4.

XXXIV. AUCTORES INCERTI.

The approximate date, and any suggested authorship, will be mentioned with each hymn.

HYMN I.

In Daniel, 1, 334; Wackernagel, 1, 198-201, gives ten forms; Trench, p. 97. There are many old German forms; in English there is a translation by Mrs. Charles, Christian Life in Song,

p. 173. It belongs to the fourteenth century. It was a great favorite in the Lutheran churches, and has remained in use almost or quite to the present day.

Theme. The Birth of Christ. Matthew ii.

Line 5, 6. The ox and ass were every where accepted as occupants of the stable with Christ. Proof is in Habakkuk iii., 2, where, for "in the midst of the years," the Septuagint strangely reads *ἐν μέσῳ δύω ζωών γνωσθήσῃ*, and the old Latin version, "in medio duorum animalium innotesceris." This was interpreted by Isaiah i., 3: "The ox knoweth his owner, and the ass his master's crib." The *bos* also represented the Jews, the shepherds, and *asinus* the heathen, the wise men.—**7. Reges.** That the wise men from the East were *kings* was universally believed, the proof resting on Isaiah lx., 3; Psalm lxxii., 10–15. —**Saba:** Psalm lxxii., 10.

Hymn II.

In Daniel, 1, 341; Mone, 1, 195; Wackernagel, 1, 175–177, five forms. In manuscript of the fourteenth century. The corresponding German, "Christ ist erstanden," is known in the twelfth century, and may possibly be the original. Compare Schaff, Christ in Song, p. 253, where is a translation into English.

Theme. The Resurrection of Christ. Mark xvi.

Line 15, 16. John xxi.

Hymn III.

In Mone, 3, 65; Wackernagel, 1, 157. Of the thirteenth century.

Theme. The Apostles.

Line 2. Nubes: Isaiah lx., 8. It is applied to the apostles often: *ὥσπερ νεφέλαι πλήρεις θείου φωτός, πᾶσιν ἐπομβρίζουσιν ὕδωρ ζωοποιὸν οἱ ἀπόστολοι.* Greek service for June 30. So Gregory, M. Hom. in Ev., 1, 5, 4; Athanasius. "Showers of truth fall from their dark sayings." Augustine, in Mone, 3, 65.—**5. Principes:** Matt. xix., 28.—**6. Lapides:** 1 Peter ii., 5, 6.—**7, 8.** Psalms xix., 4.—**13-15.** In the year 95, says the legend, St. John was sent to Rome by the proconsul of Asia, and there miraculously preserved from death when thrown into a caldron of boiling oil.

HYMN IV.

Trench, p. 134. Translation by Mrs. Charles, Christian Life in Song, p. 175. It is part of a long poem, sometimes ascribed to Anselm of Lucca, who died 1086. The meter is a favorite one, much used for narrative poems in the Middle Ages.

Theme. Our Lord's Life and Death.

Line 15. Vallem lacrymarum, "vale of tears."—**17. Tristatur:** Isaiah liii., 3.

"The Joy of all is plunged in grief, the Light of all is waning,
The Bread of Life needs nourishing, the Strength of all sustaining;
The Fount at which all heaven is filled, the Fount of life is thirsting—
What heart such wonders can behold, and not be nigh to bursting?"

Mrs. CHARLES.

HYMN V.

In Daniel, 2, 339; Trench, p. 116; Königsfeld, with German translation, Lat. Hymnen und Gesänge, 2, 306. Fifteenth century.

Theme. The Nativity.

Line 4-6. Quae (nox) paris in terris delicias suspiratas, (et) datas e coelo.—**10-12.** Meus Deus, sol vitae, in carne suboritur mundo, ut (mundus) vivat.—**16. Caulâ,** *stable*, singular of the *caulae* given in the dictionaries.—**24. Quid sibi volunt,** *what wish for themselves*, purpose, mean.

HYMN VI.

In Daniel, 2, 342; Königsfeld, 1, 208. Translation into English in Schaff's Christ in Song, .p. 100, by E. A. Washburn. Fourteenth to sixteenth century.

Theme. The Infant Christ in the arms of his Mother.

Line 18. Spicula, *darts*, *beamings* of love and light; frequently, *darts of Cupid*—a play on the two meanings is intended.—**21.** One struck by such a dart was inflamed with love.—**24. Iesule,** diminutive of **Iesus.** H., 315; A. and G., 44, 1, 3. Diminutives of affection abound in the Romanic tongues. See p. 175, line 44.

HYMN VII.

In Daniel, 2, 335; Königsfeld, with a German translation, Lat. Hymnen und Gesänge, 2, 280; Mrs. Charles, with an English translation, Christian Life in Song, p. 293; Schaff, Christ in Song, p. 602. Longfellow also has translated it:

"O God! my spirit loves but Thee."

It is a late hymn, and is known as Xavier's hymn, having been often ascribed to Francis Xavier, the friend and companion of Loyola, "the Apostle of the Indies." 1506–1552.

Theme. Love of Christ.

Line 12. Ah: others, *ac.*—**20.** Others add

"Et solum quia Deus es."

Hymn VIII.

In Daniel, 2, 345; Königsfeld, with a German translation, Lat. Hymnen und Gesänge, 1, 222; Trench, p. 150. Fourteenth to sixteenth century.

Theme. The Love of the Suffering Christ.

Line 1, 2. Psalm lv., 6.—**8. Improperium:** Rom. xv., 3; Heb. xi., 26.—**13, 14.** "Columba mea in foraminibus petrae, in *caverna maceriae*, ostende mihi faciem tuam." The Latin of the Song of Solomon, ii., 14. "Foramina petrae, vulnera Christi. In his passer invenit sibi domum et turtur nidum, ubi reponat pullos suos; in his se columba tutatur, et circumvolitantem intuetur accepitrem." St. Bernard, in Cant. Serm. 61; Trench, p. 151.

Hymn IX.

In Daniel, 2, 365; Königsfeld, Lat. Hymnen und Gesänge, 1, 230; Trench, p. 159. Translation by Mrs. Charles, Christian Life in Song, p. 182; Schaff, Christ in Song, two versions, p. 256, 257. Schaff calls it "this sweet and cheering Easter hymn."

Theme. The Resurrection of Christ. John xix., 11–18.

Line 1. Mary Magdalene is here identified with "the woman that was a sinner" of Luke vii., 37, as she usually is in the Middle Ages. Compare Dies Irae, line 37, p. 155.—**3. Simonis:** the Pharisee. Luke vii., 40.—**4.** Supply *est.*—**25. Quinque,** etc. John xx., 24–29; Luke xxiv., 40.

Hymn X.

In Königsfeld, Lat. Hymnen und Gesänge, 1, 238, with a German translation; also a second translation by A. W. Schlegel, p. 273; Trench, p. 249. Fourteenth to sixteenth century.

Theme. Love of Christ.

Line 1, 2. The forms of speech are drawn from Solomon's Song, **Sionis filiae,** Cant. i., 5; ii., 7.—**3.** Cant. ii., 5.—**10.** Cant. ii., 5.—**10-18.** The phoenix builds its own funeral-pile of myrrh and cassia, and burns itself, and rises from its ashes with renewed youth. The rest of the poem is the death-song of the phoenix:

> "Fire ascending seeks the sun;
> So a soul that's born of God
> Upward tends to his abode."

Hymn XI.

In Daniel, 2, 349; Königsfeld, Lat. Hymnen und Gesänge, 2, 324; Trench, p. 302. Trench calls it "perfect in its kind." Fourteenth to sixteenth century.

Theme. The Cross.

Hymn XII.

In Königsfeld, with a German translation, Lat. Hymnen und Gesänge, 1, 226. An English translation by Mrs. Charles, Christian Life in Song, p. 184. Fourteenth to sixteenth century.

Theme. The Resurrection of Christ.

Line 3, 4. Summus et imus orbis, *the highest and lowest part of the world*, the world above and below.—**7, 8.** *The beauty of the tender palm* is a representative of spring.—**20. Barbytha,** bad spelling for *barbita* (*βάρβιτον*), lutes.

Hymn XIII.

In Daniel, 2, 166; Mone, 3, 118; Trench, p. 75. "This sublime hymn, though not Adam of St. Victor's, proceeds from one formed in his school and on his model, and is altogether worthy of him. It is, indeed, to my mind, grander than his own" on the same theme. Trench. Thirteenth century.

Theme. John the Evangelist.

Line 1-6. 1 John i., 1.—**7-9.** See note on line 49 of Hymn V.

of Adam of St. Victor, p. 142.—**12. De throno:** Rev. xxii., 1.—**13. Coelum transit:** "Transcendit nubes, transcendit virtutes coelorum, transcendit angelos, et *Verbum in principio* reperit, et Verbum apud Deum vidit." Ambrose, Prol. in Exp. in Luc., c. 3, in Trench, p. 76:

> "He passed the flaming bounds of space and time;
> The living throne, the sapphire blaze,
> Where angels tremble when they gaze,
> He saw . . ."
>
> GRAY, of Milton.

—**15.** John is an eagle, tried by the light of God as the young eagle which its parents try by the sun; if it look steadily, well: "Si acie palpitaverit, tanquam adulterinus ab ungue dimittitur." Augustine of John, Tract. 36.—**17, 18.** Isaiah vi., 2, is translated in the Vulgate: "Duabus velabant faciem ejus," i. e., Domini. This was coupled with Exodus xxxiii., 20, and the wings of the seraphim were taken as a veil, hiding God even from the prophets. John looked *sub alis* and saw God.—**19-21.** Rev. iv., 10; v., 8.—**22-24. Nummo:** some say *men;* Trench, *language.* He has put the stamp of heaven on our words, e. g., on *Logos*, giving them a different use.—**25-30.** Olshausen has taken this stanza as the motto of his Commentary on John. Trench says sacred Latin poetry has not a grander stanza.—**28. Implenda:** the Apocalypse. —**Impleta:** the Gospel.—**31.** Isaiah lxiii., 1-3; Rev. xix., 11.—**32.** Isaiah liii., 2-4.—**34.** Ezek. i., 10; Rev. iv., 7.—**37. Dilecte** (Iohannes).—**Dilecto** (Christo).—**38, 39. De lecto sponsi:** a figure much used by the mystics of the Middle Ages for the highest enjoyment of the divine love. Canticles i., 16; iii., 1; and elsewhere.—**40. Cibus angelorum:** Christ was their food. Psalm lxxviii., 25. So Augustine, Hildebert, and others quoted in Trench.—**44, 45.** John xiii., 23.—**46. Patrono:** Christ. Rev. v., 9.

HYMN XIV.

In Mone, 1, 30; in Schaff, Christ in Song, p. 429, the three first lines are quoted as a heading for Bonar's hymn:

> "I was a wandering sheep,
> I did not love the fold."

It is as early as the eleventh century.

Theme. The Incarnation.

Line 2. Summus opilio: Hebrews xiii., 20.—**7. Pugnaturus induit:** Ephesians vi., 16, 17.—**Tunicam,** the garment of the flesh.—**8, 9. Thalamo puellae:** see Hymn IV. of Ambrose, line 13, p. 12, and note.

HYMN XV.

In Mone, 1, 118; a translation by Mrs. Charles, Christian Life in Song, p. 178. There are three more stanzas in Mone. The hymn has been ascribed to St. Bernard, and Mone thinks it good enough to be his.

Theme. The Suffering of Christ.

Line 1. Dulcis: Psalm xxxiv., 8. "Amemus Iesum, quia dulcis est." Augustine, Serm. 130, 3; and so, abundantly with the fathers. Mrs. Charles omits "the epithet 'dulcis,' as not precisely rendered by any corresponding English adjective."—**Spes pauperis:** Matt. xi., 5.—**14. Pigmenta,** *spices*, a common meaning in late Latin. Med. Lat. Dict. — **21.** Supply *sumus.* — **22. Tu te,** usually printed as one word, *tute;* supply *es ex.*—**27. Tyranni:** *δαιμόνων τυραννίς.* Chrysostom, De S. Romano, 2.

HYMN XVI.

In Daniel, 1, 343; Wackernagel, 1, 243, two forms. Translation in Schaff's Christ in Song, p. 309; from Neale's Mediaeval Hymns, p. 173; Shipley's Lyra Messianica, p. 419; version by J. W. Hewett. Some copies have *Alleluia* after each line. Fifteenth century.

Theme. The Ascension.

Line 9. Daniel reads, and Neale translates:

"In hoc triumpho maximo."

"In this great triumph of our King."

HYMN XVII.

In Mone, 1, 86. Of the fifth century.

Theme. Alleluia. From *Septuagesima,* i. e., the *seventieth* day before Easter, to Easter Sunday, the Alleluia is not sung. Special Alleluia hymns are therefore sung on the evening before this intermission.

Line 2. Aetherei: "Aliud est coelum aëreum, aliud aethereum." Gregory, M. Hom. in Ev., 2, 29, 5.—**3. Perenne,** in contrast with the alleluias of earth.—**13, 14.** (Vos) victores capitis almum decus.—**19.** Supply *est.*

Hymn XVIII.

In Daniel, 2, 53; Mone, 1, 88; The Seven Great Hymns, p. 148; Neale's Mediaeval Hymns, p. 43, a translation. It is attributed by Neale and his followers to Godeschalcus, or Gotschalk, a German monk, who died about 950. He is to be carefully distinguished, says Neale, from Godeschalcus, who was condemned as a heretic on predestination. The Proses given as his by Wackernagel and Daniel are much like this.

Theme. Glory to God. Psalm cxlviii.

Line 7-9. Rev. xiv., 3.—**17. Cauma,** *-atis*, n. (καῦμα), heat, in the Vulgate, Job xxx., 30, last ed. of White and Riddle.—**33. Frequentans:** agrees with *genus humanum*, line 31.—**39. Socii:** the choir of priests.—**41. Pueruli:** a special choir of boys.—**43. Omnes:** the people.

Hymn XIX.

In Daniel, 1, 261. A translation by Mrs. Charles, Christian Life in Song, p. 198; Neale, Mediaeval Hymns, p. 182. The thirteenth century.

Theme. Alleluia.

Line 8. Hierusalem, i. e., Ierusalem; note the accent on the penult. For the use of H in such words, see p. 272, Hymn II., line 2, note on **Heli.**—**11, 12.** Psalm cxxxvii., 1.—**15, 16.** See remark on **theme,** Hymn XVII., p. 311.

Hymn XX.

Neale's Mediaeval Hymns, p. 163; Schaff's Christ in Song, translation by Prof. T. C. Porter, of Lafayette College, p. 254. Thirteenth century.

Theme. The Resurrection of Christ. Mark xvi.

Line 3. Morte: abl. of separation. H., 425; A. and G., 54, 1, b. **8. Iacobi** (Mary the mother) of James.—**15. Monumento:** dative for *ad monumentum* (John xx., 4), as we use *to* in English for indirect object and end of motion.—**20. Quia,** *that.* John xx., 24–29.

HYMN XXI.

In Daniel, 1, 239; Mone, 1, 319; Wackernagel, 1, 84; Trench, p. 311; and the Breviaries. Translation in Neale's Mediaeval Hymns, p. 18. It is of the seventh or eighth century. The later versions, as in the Breviarium Romanum, polish it up a good deal. It is also used in parts, making three different hymns. It has been one of the most fertile sources of happy hymns. Trench speaks of two of these German hymns as "lovely" and "glorious." "Jerusalem, my happy home," and "O mother dear, Jerusalem," are known as universal favorites with our English people, and have a venerable antiquity and interesting history. See Neale's Hymns on the Joys and Glories of Paradise, p. 18; The New Jerusalem, Edinburgh, 1852; Prime's "O Mother Dear Jerusalem," New York, 1865.

Theme. The New Jerusalem. The Dedication of a Church.

Line 1. Dicta **pacis visio,** a translation of the Hebrew word *Jerusalem*, current as early as Origen. Hom., ix., 2.—**2.** 1 Peter ii., 5.—**3.** Rev. xxi., 2—**angelis coronata.** Some read *co-ornata;* some, plausibly, *angelico ornatu;* Trench, *ab angelis ornata*.—**4, 5.** (Urbs) veniens, praeparata, copuletur Domino ut sponsata.—**6.** Supply *sunt.* For the description, see Rev. xxi., 19, 21.—**10. Tunsionibus,** from *tunsio*, *-nis*, pounding; a late derivative from *tundo.* Not in the dictionaries. Said by Mone to be French.—**13, 14.** Ephes. ii., 20. The Church militant is distinctively Syon, i. e., *speculatio*, looking to the far off; the Church triumphant is Jerusalem, i. e., *visio pacis.* So says Trench after Durandus.—**17.** *Canore;* Mone, *canoro.* A. and G., 47, 3, c.—**18. Favore:** Mone, *fervore.* Whether the two last stanzas are part of the original poem is eagerly disputed.

XXXV. MARIA, SCOTIAE REGINA.

In Königsfeld, 1, 256; Schaff, p. 449.

From the Prayer-book of Queen Mary, and generally believed to be her composition.

O

XXXVI. MARTIN LUTHER AND PHILIP C. BUTTMANN.

Life.—MARTIN LUTHER was born at Eisleben, Nov. 10, 1483, and died there, Feb. 18, 1546. This hymn is first known as printed in Augsburg, 1529. It has been generally believed to have been composed there during the sitting of the Diet. The translation into Latin by Buttmann was first published in 1830, at a jubilee to celebrate the publication of the Confession of Augsburg. BUTTMANN, the great grammarian and philologist, was born in 1764, and died in 1829, shortly before the publication of this translation. The hymn, besides its great merits as a lyric of Christian heroism, is of national importance as part of the history of Germany. There are earlier translations into Latin, some of them very good. The text of the hymn, as first printed in High-German, is as follows.

Wackernagel, 3, 20:

"Ein feste burg ist unser Gott,
Ein gute wehr und waffen,
Er hilfft unns frey aus aller not
Die uns ytzt hat betroffen.
Der alt böse feind
Mit ernst ers ytzt meint,
Gros macht und viel list
Sein grausam rüstung ist,
Auff erd ist nicht seins gleichen.

"Mit unser macht ist nichts gethan,
Wir sind gar bald verloren:
Es streit fur uns der rechte man.
Den Gott hat selbs erkoren.
Fragstu, wer der ist?
Er heist Jhesu Christ,
Der Herr Zebaoth,
Und ist kein ander Gott,
Das felt mus er behalten.

"Und wenn die welt vol Teuffel wehr
Unnd wolt uns gar vorschlingen,

So fürchten wir unns nicht zu sehr,
Es sol uns doch gelingen.
Der Fürst dieser welt,
Wie sawr er sich stellt,
Thut er unns doch nicht,
Das macht, er ist gericht,
Ein wörtlin kan yhn fellen.

"Das wort sie sollen lassen stahn
Und kein danck dazu haben,
Er ist bey unns wol auff dem plan
Mit seinem geist und gaben.
Nemen sie den leib,
Gut, eher, kindt und weib:
Las faren dahin,
Sie habens kein gewin,
Das reich mus uns doch bleiben."

Theme. God is our refuge and strength, a very present help in trouble. Psalm xxxv.

Line 5, 6. (Is, i. e., diabolus), cui (est) mos (terrere), iam ter terret nos.—**8.** 1 Peter v., 8.—**9. Illi** (diaboli, leoni).—**23. Dux saeculi,** *prince of this world.* John xvi., 11.—**24.** Matt. iv., 10.

XXXVII. TOPLADY AND GLADSTONE.

Life.—AUGUSTUS MONTAGUE TOPLADY was born in Surrey, 1740; studied at Trinity College, Dublin; was vicar of Broadhembury, Devonshire; and wrote some polemic tracts for Calvinism, and some good hymns, of which the best and most eminent is the one here given. He died in 1778.

WILLIAM EWART GLADSTONE was born in Liverpool, Dec. 29, 1809; graduated as a double first-class at Oxford, 1831; was in Parliament, 1832; Lord of the Treasury, 1834; married, July 25, 1839, to a daughter of Sir Stephen R. Glynne, Lord Lyttleton at the same time marrying her sister. In commemoration of this double marriage was published, in 1861, "Translations by Lord Lyttleton and the Right Hon. W. E. Gladstone," in which the following is contained, written in 1848. The author's long and useful career as Prime Minister and author may be studied in dictionaries of biography or histories of our times.

THE HYMN.

In Schaff, Christ in Song, p. 461, the original with valuable comment, and the translation.

Theme. Christ our Refuge.

Line 1, 2. Isaiah xxvi., 4; Psalms xviii., 3; xix., 14; Cant. ii., 14; 1 Cor. x., 4.—**3, 4.** John xix., 34.—**5, 6.** Rev. i., 5.—**17, 18. Fontem:** Zech. xiii., 1.—**21, 22.** Romans xiv., 16.

THE RISE AND GROWTH OF THE CHRISTIAN HYMNS.

The Jews, and the heathen Greeks and Romans, used psalms, odes, hymns, as part of their religious services. Jesus used them with his disciples. They are mentioned by the apostles, and by them commended as part of the worship of early Christians. Frequent mention of the singing of the Christians is found in early writers; and it is evident that, besides the psalms of the Old Testament, original hymns were sung from the earliest times giving divine honors to Christ. The special attention of the Church was called to them in the middle of the fourth century, by the fact that several sects of heretics were using them to propagate their doctrines. The Arians especially had composed hymns which had taken strong hold of the people of Constantinople and the East. The Synod of Laodicea, A.D. 344–346, tried to cure this evil by forbidding the use of all hymns or psalms not found in the Bible. The most eminent Christians of the West, Hilary, Ambrose, and Augustine, thought it better to use similar songs of orthodox substance. The Latin Church was ready for the new hymns. Those of Ambrose, especially, suited them, and came into universal use, first among his people in Milan, and then throughout Italy. Similar hymns sprang up, it was hardly known how, and became current every where with those who spoke Latin.

In the seventh century, at the Council of Toledo, they were formally approved. Each generation made its additions to the common stock, often by its most eminent men; and the accumulation continued as long as Latin was spoken. Afterward, when the Reformation called for intelligible hymns of the people, translations of the older hymns into the Germanic languages continued in use among Protestants. These hymns were the first original poetry of the people in the Latin language, unless, perhaps, those critics may be right who think they find in Livy a prose rendering of earlier ballads. The so-called classic poetry was an echo of Greece, both in substance and form, the matter and meters were both imitated, and the poems were composed for the lovers of Grecian art in the Roman court. It did not spring from the people, and it never moved the people. But the Christian hymns were proper folk poetry, the "Bible of the people"—their Homeric poems. Their making was not so much speech as action. Legends described some of the best of them as the inspired acts of Christian heroes. They were in substance festive prayers, the simplest rhythmic offering of thanks and praise to the giver of light and of rest, both natural and spiritual, at morning and evening, and at other seasons suited to the remembrance and rhythmical rehearsal of the truths of the Bible. Afterward they came to commemorate acts of martyrs and other Christian heroes; and then they became the utterance of the brooding love and faith of contemplative piety; and finally the elaborate ingenuity of monastic scholarship dressed up any thing and every thing religious in these poetical forms. In these later times the same scholars rewrote the rude old hymns into correct and polished meters for the use of the Latin Church. The singing was at first by the whole congregation, but in later times the music has become too difficult, and trained choirs and accompanying instruments are necessary for the service.

THE LANGUAGE.

The language of the early hymns is the common speech of the day, deeply colored by Bible idiom. It has very much the same relation to that of the Augustan books which Bunyan has to Bacon or Milton. It does not differ from that of the odes of Horace more than the household talk did in the family of Horace's father; and the differences are generally gains. A few new words appear which are needed for new thoughts; old words are ennobled by being applied to Christian uses; the main difference is a greater simplicity of structure and idiom, which is a return to the real speech of Rome, and is better than the artificial complexity of the old book speech, just as Bunyan is better than Bolingbroke, or Homer better than Pindar. In the later hymns an artificial elaboration of the language appears.

THE METERS.

During the time of the writing of the hymns an essential change took place in the pronunciation of Latin. Quantity and pitch were used for accent and emphasis in the early Latin; stress or loudness of sound gradually took their place, and the meters changed at the same time. In studying the prosody of the hymns, a change is needed in the common definitions of the metrical feet. They should be defined simply by the order and make of the arsis and thesis:

An IAMBUS is a monosyllabic thesis followed by a monosyllabic arsis.

A TROCHEE is a monosyllabic arsis followed by a monosyllabic thesis.

A DACTYL is a monosyllabic arsis followed by a dissyllabic thesis.

An ANAPAEST is a dissyllabic thesis followed by a monosyllabic arsis.

In the Augustan poetry the arsis is laid on long syllables, in the later Latin poetry it is laid on accented syllables; an iambus in the old poetry is therefore a short syllable followed by a long, while in the later poetry it is an unaccented followed by an accented syllable. In the hymns the change from one system to the other is gradual. The earliest are measured regularly by long and short quantity. Then writers who mean to write quantitative verses become careless about their quantities, especially in the syllables of the thesis. As we go on, the prose accent and the arsis more and more often coincide, until finally it is enough to make good verses that the accented syllables of prose pronunciation shall fall in the arsis and the unaccented in the thesis of the feet in sufficient numbers to keep up the rhythmical movement in the natural reading of the verses. This is accentual meter. For a more careful study of it, take March's Anglo-Saxon Grammar, page 222 and after.

RIME.

Nations who unite prose accent and arsis need to mark off their verses plainly. They do it by rime, the rhythmical repetition of letters. When the riming letters begin their words, it is called alliteration; when they end their words, it is called rime. Rime seems to have grown naturally into use in the later Latin poetry. It will be seen to appear first as an occasional ornament in the hymns, and become regular in form and place by slow degrees. The old Teutonic poetry used alliteration as an essential part of their metrical system, and German and Anglo-Saxon poets often use it freely in their Latin verses. Study of the alliterative meters as well as the quantitative is desirable for the full appreciation of the hymns. The stanzas which are found in the hymns of this book are described in the following table. The use of the names of compound meters has been avoided, and the scanning given as far as possible in simple feet. In the careful study of the verse, attention should be given both to the ancient quantities and the prose accents of the syllables in each foot.

THE STANZAS.

DACTYLIC.

I. HEXAMETERS.—Pages 61, 69, 87, 99, 152.

Sālvē | sānctă Pă|rēns, || ē|nīxă pŭ|ērpĕră | Rēgēm.

II. HEXAMETERS RHYMED.—The second foot rhymes with the fourth in each line, and the ends of the adjacent lines rhyme in pairs. Pages 126, 127.

Hīc brĕvĕ | *vīvĭtŭr,* || hīc brĕvĕ | *plāngĭtŭr,* || hīc brĕvĕ | FLĒTŪR:
Nōn brĕvĕ | *vīvĕrĕ,* || nōn brĕvĕ | *plāngĕrĕ* || rētrĭbŭ|ĒTŪR.

III. ELEGIACS.—1 Hexameter + 1 Pentameter. Page 65.

Crūx bĕnĕ|dīctă nĭ|tēt, || Dŏmĭ|nūs quā | cārnĕ pĕ|pendit,
Ātquĕ crŭ|ōrĕ sŭ|ō || vūlnĕră | nōstră lă|vīt.

IV. 1 HEXAMETER + 1 Pentameter + 1 Hexameter. Page 67.

V. 1 HEXAMETER + 2 Pentameters. Page 67.

VI. TETRAMETERS, 4 accentual dactyls; the caesura after the second foot; the ends of adjacent lines rhyming in pairs or fours. Page 176.

Cúr mùndus | mílitat || súb vàna | *glória,*
Cúius prò|spéritas || ést trànsi|*tória?*

VII. TETRAMETERS.—2 Adonics in a verse, with alliteration or irregular rhyme. Pages 86, 102.

(Allit.) **S**ḗd tìbĭ, | **S**ā́nctĕ̄, || **S**ō̄lŭs ĭ|mā́gŏ̄.
(Rhyme.) Nṓctĕ dĭ|ḗquĕ̄ || iū́nctă mằ|*nḗbĭ̄t,*
A'bsquĕ mă|rī́tŏ̄ || nḗmŏ | vĭ|*dḗbĭ̄t.*

VIII. TETRAMETER catalectic.—3 dactyls and a catalectic syllable, the adjacent lines rhyming in pairs. Page 6.

Mártўrĭs | éccĕ dĭ|ēs A'ga|*thaē*
Vĭrgĭnĭs | émĭcăt | éxĭmi|*aē*.

IX. Dimeter.—Two accentual dactyls, with varying rhymes. Pages 111, 131, 193.

Míttit ad | vírginem
Nōn quèmvis | ángelum.

These hymns may also be scanned as iambic dimeter brachycatalectic, No. XXIX.

X. Adonic.—Dactyl + spondee. Page 196.

Plaúdĭtĕ | coēlī.

XI. Stanza of six verses.—1, 2, 4, 5, Adonics, rhyming in pairs; 3, 6, dactylic trimeters, rhyming. Page 188.

IAMBIC.

XII. Trimeter.—6 iambics. Page 62.

XIII. Stanza of four lines.—1, 2, 3, iambic trimeters; 4, an Adonic. Page 3.

XIV. Trimeter Brachycatalectic.—5 iambics. Page 199, irregular verses.

XV. Dimeter. — 4 iambics with the interchangeable feet. Pages 1, 2, 5, 8, 9, 11, 12, 13, 17, 18, 21, 22, 24, 25, 26, 28 (2), 29, 33, 34, 36, 37 (2), 38, 39 (2), 40, 42, 55, 56, 57, 58, 59, 60, 66, 74, 75, 77, 79, 81, 82.

XVI. Stanzas of dimeters (2 or 4), rhyming in pairs of adjacent lines. Pages 183, 184, 98, 159, 160, 190.

XVII. Stanzas of dimeters, rhyming in triplets. Page 206, and last stanza, page 148.

O fíl|ií | et fíl|*iae*
Rèx coé|lèstís, | rèx glór|*iae*
Mòrté | surréx|it hód|*ie*.

XVIII. Stanza of dimeters, rhyming in fours. Page 122.

XIX. Stanza of seven dimeters, verses 1, 2 and 3, 4 and 5, 6, 7 rhyming. Page 47.

XX. Stanza of eight dimeters, rhyming in pairs of adjacent lines. Page 199.

XXI. Stanza of eight dimeters, irregularly rhymed; verse 8 repeating verse 1. Page 79.

XXII. Stanza of four verses. 1, 2, dimeter, rhyming; 3, 4, trimeter brachycatalectic (see XIV.), rhyming. Page 110.

XXIII. Stanza of eight verses. 1, 3, dimeter, rhyming; 2, 4, 8, dimeter catalectic (see XXVII.), rhyming; 5, 6, 7, dimeter brachycatalectic, rhyming.

Vénì, | Creá|tor Spír|*itús*,
Spírì|tus ré|creÁ|TOR,
Tù dáns, | tù dá|tus coél|*itús*,
Tù dó|num tú | donÁ|TOR;
Tù léx, | tù díg|itús,
A'lèns | et ál|itús,
Spíràns | et spír|itús,
Spirá|tus ét | spirÁ|TOR.

XXIV. Stanza of nine verses. 1, 3, dimeters; 2, 4, dimeter catalectic, rhyming; 5, 6, 7, acephalous dimeter brachycatalectic, 5 rhyming with 6; 8, dimeter brachycatalectic, rhyming with 7; 9, a dimeter catalectic, without rhyme. Page 211.

Arx fírm|a Dé|us nós|ter ést,
Is tél|um, quó | ni*tá*|*mur;*
Is éx|plicát | ex óm|nibús
Queis ma|lis ím|pli*cá*|*mur.*
Nám | cui sém|per mós,
Iám | ter tér|ret nós;
Pér | astúm | per vím,
Saevám | levát | sitím;
Nil pár | in tér|ris il|li.

XXV. Stanza of four verses. 1, 3, dimeter, rhyming; 2, 4, dimeter brachycatalectic, rhyming. Page 178.

XXVI. Stanza of six verses. 1, 3, 5, dimeter; 2, 4, 6, dimeter acephalous; 1 and 2, 3 and 4, 5 and 6 rhyming. Page 96.

Paschá|lis fés|ti gaú|di*úm*
Múnd|i ré|plet ám|bi*túm;* etc.

XXVII. DIMETER CATALECTIC.—4 iambics, less the final syllable. Page 195.

Crux á|ve bén|edíct|a,
Per té|mors ést | devíct|a.

XXVIII. Stanza of six verses. 1, 2, 4, 5, dimeter catalectic, rhyming in pairs; 3, 6, dimeter brachycatalectic (3 iambics), rhyming. Page 170.

O és|ca ví|ató|rum!
O pá|nis án|geló|rum!
O mán|na coél|itúm! etc.

XXIX. DIMETER BRACHYCATALECTIC. — 3 iambics. Pages 193, 111, 131.

Tandém | audí|te mé
Sión|is fíl|iaé!

These hymns may be read as dactylic dimeters. No. IX.

TROCHAIC.

XXX. TETRAMETER CATALECTIC.—8 trochees, less one syllable. The caesura follows the fourth foot. Pages 45, 64, 71, 208.

Pánge, | língua, | glóri|óse || proéli|úm cer|támi|nís.

XXXI. Same meter arranged in a stanza of two verses, the first a dimeter, the second a dimeter catalectic. Page 168, etc. See XXXVI., XXXVII., XXXVIII.

XXXII. TRIMETER CATALECTIC.—6 trochees, less one syllable. Page 164.

Quaé sub | hís fig|úris || vére | láti|tás.

The first verse of this hymn has a syllable of anacrusis before beginning the regular meter.

Adóro | té de|vóte, || látens | Déi|tás.

XXXIII. DIMETER.—4 trochees, rhymes in pairs of adjacent verses. Pages 100, 103, 104, 105, 156, 178, 179.

XXXIV. Stanza of six dimeters, rhymed in pairs. Page 213.

XXXV. Stanza of three dimeters, rhymed in triplets. Page 154.

Díes | írae, | díes | *ílla*
Sólvet | saéclum | ín fa|*vílla,*
Téste | Dávid | cúm Sy|*bílla.*

XXXVI. Stanza of four verses. 1, 3, dimeters, rhyming; 2, 4, dimeters catalectic, rhyming. Page 189.

XXXVII. Stanza of six verses. 1, 3, 5, dimeters; 2, 4, 6, dimeter catalectic. Pages 51, 205. With alternate rhymes. Page 168.

XXXVIII. Stanza of eight verses. Two of No. XXXVI. united. Page 49.

XXXIX. Stanza of six verses. 1, 2 and 4, 5, dimeters, rhyming in pairs; 3, 6, dimeters catalectic, rhyming. Pages 119, 138, 143, 145, 146, 149, 151, 157, 165, 171, 173, 197.

Stábat | máter | dólo|*rósa*
Júxta | crúcem | lácry|*mósa*
Dúm pen | débat || fíli|us
Cúius | áni|mám ge|*méntem*
Cóntris|tántem | ét do|*léntem*
Pértrans|ívit | gládi|us.

XL. Stanza of eight verses. 1, 2, 3 and 5, 6, 7, dimeters, rhyming in triplets; 4, 8, dimeters catalectic, rhyming. Pages 134, 140, and two stanzas, pages 167, 168, where also is a single stanza of ten verses, 1, 2, 3, 4 and 6, 7, 8, 9 rhyming in fours.

XLI. Dimeters of two rhyming monometers, with alternate dimeters catalectic, rhyming. Pages 130, 146.

Lúmen | *clárum* || téne|*brárum*
Sédi|bús re|spléndu|ít;
Dúm sal|*váre,* || récre|*áre*
Quód cre|avit, | vólu|it.

XLII. Stanza of eight verses. 1, 2, 3, 5, 6, 7, dimeters of two rhyming monometers; 4, 8, dimeters catalectic, rhyming. Page 145, Hymn VII., in which see other arrangements of rhymes in similar meters.

XLIII. Stanza of seven verses. 1, 3 and 5, 6, dimeters, rhyming in pairs; 2, 4, dimeters catalectic, rhyming; 7, a monometer. Page 192.

XLIV. Stanza of ten verses. 1, 2, 3, 4 and 6, 7, 8, 9, dimeters, rhyming in pairs or fours; 5, 10, iambic dimeters, rhyming. Pages 114, 116, 117.

XLV. DIMETER CATALECTIC.—4 trochees, less the final syllable, adjacent rhymes in pairs. Page 156, lines 56, 57; 199, Hymn XIV., 6–9.

> Iésu, | pié | dómi|*ne*,
> Dóna | éos | réqui|*e!*

XLVI. Stanza of six verses. Dimeters catalectic, 1, 2 and 3, 6 and 4, 5 rhyming in pairs. Page 92.

XLVII. Stanza of seven verses. Dimeters catalectic, 1, 3 and 2, 4, 7 and 5, 6 rhyming; or 1, 2, 3, 4 and 5, 6, 7; or 1, 2, 3 and 4, 7 and 5, 6. Pages 135, 136.

XLVIII. Stanza of eight verses. 1, 3, 5, 7, dimeters catalectic; 2, 4, 6, 8, dimeters brachycatalectic, rhyming all four. Page 121. The same stanza printed as four verses. Pages 162, 186.

> Quántum | hámum | cári|tás || tíbi | praésen|távit,
> Móri | cúm pro | hómi|né || té so|líci | távit; etc.

XLIX. Stanza of ten verses. 1, 3, 5, 6, 8, 9, dimeter catalectic; 2, 4, 6, 10, dimeter brachycatalectic; 1, 3 and 2, 4 and 5, 6 and 7, 10 and 8, 9 rhyme; and 5, 6 rhyme either with 1, 3 or 8, 9. Page 181.

L. DIMETER BRACHYCATALECTIC.—3 trochees. Stanza of four verses. Page 90.

> A've | máris | stélla,
> Déi | máter | álma
> At'que | sémper | vírgo,
> Felix | coéli | porta.

LI. MONOMETER.—2 trochees. Stanza of six verses. 1, 2 and 4, 5, monometers, rhyming in pairs; 3, 6, iambic dimeters, rhyming. Page 161.

Chrístum | dúcem,
Quí per | crúcem
Redé|mit nós | ab hós|tibús,
Laúdet | coétus
Nóster | laétus,
Exúl|tet coé|lum laúd|ibús.

LII. Stanza of four verses. 1, 2, 3, Sapphics; 4, an Adonic. Pages 31, 74, 76, 77. Same stanza printed as seven verses, page 84. The simplest analysis of the Sapphic is: trochee + spondee + dactyl + trochee + trochee; the Adonic: dactyl + trochee.

Chrīstĕ | cūnctō|rūm || dŏmĭ|nātŏr ālmĕ,
Cērnĕ bĕ|nīgnūs.

LIII. Choriambic Tetrameter (Asclepiadean).—A spondee + 2 choriambi + an iambus. Stanza of three verses. 1, 2, Asclepiadean; 3, a Pherecratean: spondee + choriambus + a syllable. Page 202.

A'llē|lūĭa pĭīs | ēdĭtĕ laūd|ĭbūs,
Cīvēs | aēthĕrĕī, | psāllĭtĕ suāv|ĭtér
A'llē|lúiă pĕrēn|nĕ.

LIV. Choriambic Tetrameter Catalectic.—A spondee + 2 choriambi + a syllable. Pages 14, 15.

Squālēnt | ārvă sŏlī | pūlvĕrĕ mūl|tō.

ANAPAESTIC.

LV. Dimeter Catalectic.—A spondee + 2 anapaests + a syllable; spondees and anapaests interchange. Page 53.

Iam moés|ta quiés|ce queré|la
Lacrymás | suspén|dite má|tres.

LVI. Monometer Hypermeter, and monometer irregularly rhymed. Page 210.

O Dóm|ine Dé|us!
Sperá|vi in té;
O cá|re mi Ié|u!
Nunc líb|era me.

Reading the last syllable of each hypermetric line with the first two of the next line makes continuous anapaests.

RHYTHMIC PROSES.

LVII. Unrhymed. Pages 20, 88 (2), 89.
LVIII. Rhymed. Pages 178, 179, 185, 203.

TABLE OF FIRST LINES.

THE END.

www.ingramcontent.com/pod-product-compliance
Lightning Source LLC
LaVergne TN
LVHW010209110826
845151LV00002B/650

* 9 7 8 1 4 2 5 5 3 5 6 3 6 *